果识

段　远◎著

光明日报出版社

图书在版编目（CIP）数据

果识 / 段远著. —北京：光明日报出版社，
2019.11
ISBN 978-7-5194-5009-0

Ⅰ.①果…　Ⅱ.①段…　Ⅲ.①散文集 - 中国 - 当代
Ⅳ.①I267

中国版本图书馆CIP数据核字（2019）第250777号

果　识
GUOSHI

著　　者：段　远
责任编辑：庄　宁　　　责任校对：傅泉泽
封面设计：中尚图　　　责任印制：曹　诤
出版发行：光明日报出版社
地　　址：北京市西城区永安路106号，100050
电　　话：010-63139890（咨询），010-63131930（邮购）
传　　真：010-63131930
网　　址：http://book.gmw.cn
E-mail：zhuangning@gmw.cn
法律顾问：北京德恒律师事务所龚柳方律师
印　　刷：河北盛世彩捷印刷有限公司
装　　订：河北盛世彩捷印刷有限公司
本书如有破损、缺页、装订错误，请与本社联系调换，电话：010-63131930
开　　本：170mm × 240mm　　　印　　张：14.5
字　　数：205千字
版　　次：2019年11月第1版
印　　次：2019年11月第1次印刷
书　　号：ISBN 978-7-5194-5009-0
定　　价：36.00元

自　序

突然十分明白，为什么在很多颁奖典礼上，获奖嘉宾说得最多的是致谢词，因为，这也正是我此刻最想说的话语。

首先需要感谢的，是此刻在看这些文字的你，因为有你的存在，让我觉得，这个世界不那么孤单。

还需要感谢的，是我的母亲和父亲，因为你们，我才得以来到这个世界。

再要感谢的，是我的妻子，还有我的女儿果果，这本书的出版离不开妻子的支持和鼓励，也源于想留给女儿果果一些人生的感悟，希望当她能看懂这些文字时，能够理解一个中年北漂、一个不算成功的父亲，所希望的她能感受到这世界的美丽。

最后要感谢的，是对该书的出版帮助特别大的人，包括出版社的编辑老师，也包括许多文章中提到的知名的和不知名的人，正是因为你们，才有了《果识》的存在。

感谢昆明的倪总，感谢现居贵阳的诗人企业家岁树，你的诗让我感受到这个世界的美，也是这本《果识》得以面世的原因之一；感谢我的语文老师，我的高中、大学同学们；感谢所有我爱的人！祝所有认识我的人，在这美丽的世界，每天都能享受属于自己的小幸福！

谢谢！

目录

Contents

肆　与心灵对话

伍 学而时习之

壹　生命的涟漪

写给母亲

今天是清明节，我虽远在北京，但对您的牵挂，久不能平息，有些话，想向您说说，希望您能听到。

母亲，我们今年清明不回昆明了。从去年国庆期间去看您，到现在已经半年多过去了，果果又长高了许多。现在，她懂事了不少，今天我带她去打预防针，她全程没有哭闹，孩子的成长应该会让您有些高兴吧!

母亲，父亲在大姐陪同下，计划明天回追栗街祭奠爷爷奶奶。儿子不孝，没有回昆明，希望能得到您的谅解。

母亲，我这个四月可能会有些折腾。离开待了快五年的公司，去一家新公司上班，领导、同事、下属都是新面孔。听好多人说这家公司加班多。我也有些担心，国妹和我两人带果果，我怕因为自己加班，国妹过于辛苦，也担心没有时间陪伴果果，会影响她的幸福成长。好在 5 月份国妹爸妈会来北京，到时候会分担一些，北京的家也会更热闹了。

母亲，我 3 月 28 日开了个微信公众号，就是像个日记本一样的，写一些自己想写的文字，可以发发牢骚，也可以写写杂文，当然，也包括今天写给您的这些文字。当有一天，自己老了，能再次看看以往的这些酸甜苦辣，寄望您也能看到我发表在公众号里的文字。

母亲，您以前总说，好好念书，好好念书。好在我和大姐、二姐，还有大哥，都算成器。大姐在文山，大哥在大理，二姐在昆明，我在北京，都是读书的结果，我们四个手足应该没有让您失望。今年，我报名了中央财经大学的在职研究生，希望在北京的这段时间能拿到研究生文凭，可惜，英语依然是我的弱项，但我会努力的。

母亲，已经有 1277 天没有见到您了，不知道您过得可好，您那边的世界是否也有形形色色？前段时间有个叫《寻梦环游记》的电影，说是只要有亲人记得，亡者就不会消失，只要有亲人祭奠，他们就会收到各种祭品。

母亲，北京这几天有些冷了，不知您那里是否也有春秋冬夏，是否会有集市？您向来是闲不住的人，是否还是会做些小生意，还会种点辣椒蔬菜，还会养猪和鸡，还会捡拾路旁的可回收垃圾，还会做很多很多您自己愿意做的事情？

母亲，有个事情我需要诚实地和您说。我没有记住究竟是“二月清明不上前”，还是“二月清明别落后”了。今年的清明是农历二月二十日，我就选择当天吧！您说过的好多其他的话，我有记得，比如“吃得苦中苦，方为人上人”，比如“万般皆下品，唯有读书高”，比如“世上无难事，只怕有心人”，比如“年年有个七月半，前人做给后人看”，比如“笑脏不笑烂”，比如“天上不会掉馅饼”，比如……可清明的这句我却没有记住，请您原谅我。

母亲，我想您了，希望您能托梦给我。

2018 年 4 月 5 日

北京的三月

今天是 2018 年 3 月 29 日，再有两天，这一年的三月就要完结了。窗外，三两只不知名的鸟儿依然飞着！

自 2015 年 6 月抵京，人生开始绚丽且多姿，像足了北京的三月，是以为记。

没有到过北方的南方人（如海南、云南），可能很难理解三月之于北京的意义。这 31 天时间里，“两会”开完了，熬了 140 天的雪也终于下了。更重要的是，路旁的那一棵棵花树，白色的玉兰、粉色的樱花、红色的桃花、黄色的迎春花、各种形状的绿色叶芽……也纷纷蠢蠢欲动、摇曳生姿起来。任何一个经历百余日酷寒的人应该都会对这满目的缤纷、漫天的花香，还有这浓烈的春的气息，从心底生出一股希望。当然，还有人会想到《动物世界》里赵忠祥老师那磁铁般的声音：“春天来了，万物复苏，非洲的大草原上又到了动物们交配的季节……”

春天总是美丽的，万物复苏、欣欣向荣、姹紫嫣红、鸟语花香……你能想到的那些美好的词汇，多半都与春天有关。

行人依旧忙碌。春节收假已经一个多月了，即使北京的三月，依然有偶尔的霾在张狂，依然有划着妖精舞步的漫天沙尘，依然有挤地铁时怀疑人生的情愫……依然有很多很多的不如意，但正是这些不如意，让春天更有味道，也更真实。也正是这种真实，让我更喜欢充满希望的北京之春。

太阳即将升起。这周六约了朋友去玉渊潭赏花，而下周就快到清明节了。7 : 21 了，我得抓紧时间去洗漱了，要去挤上班的地铁了。我不会忘记顺路去欣赏这一路打闹的春意的。

这是我所理解的北京的三月。帅哥、美女，请停一停，别错过今早那朵美丽的玉兰，因为它，也正巧看着你呢！

2018 年 3 月 29 日

说说读书

“学而不思则罔，思而不学则殆。”——孔子

“尽信书不如无书。”——孟子

“我思，故我在。”——笛卡尔

“怀疑一切。”——马克思

伟人说的话，终归是有些道理的。当前的我们，处于一个海量阅读的时代，每天我们所看的文字可能比一千年前北宋范仲淹一个月所读的书还要多。

然而，“先天下之忧而忧，后天下之乐而乐”这样的经典文字，还是出自一千年前的少读书时代。这是为什么呢？

再比如，无论笛卡尔也好，黑格尔也罢，他们所学的知识，也许还比不上现在一个高考末名所知之多，但论理论及哲学成就，则是十个高考状元也无法企及的。难道知识不是让人进步，反而让人退步？

我们小区楼道口，有这样的话：读书三要，眼到、口到、心到。眼、口、心三者，缺一不可。想想我们现今之阅读，手机里 1000 字的文章不到两分钟就消灭干净，可惜只是眼到而已，口和心都没能打开。我们看似了解海量信息、海量知识，但因心未到，目之所及也不过走马观花，再过十二个小时就被新的文字、新的信息给覆盖了，没有留下一丝的回味。那么，这样的文字，我们能算是看过了吗？

思考，之于现代人成了奢侈品。我们忙于运筹帷幄，忙于回复上司，忙于觥筹交错，忙于加班工作，却很少有时间放下手机，闭上眼，仔细思考，用脑和心，想、想、想。

当下，用心地阅读也成了奇怪的奢侈品。本来任何人都易于实现的事情，却变成了凤毛麟角的异类。是社会出了问题，还是问题出自我们自身？

我有一个梦想，如果有一天我有了钱，可以不用赚钱养家，一定要开一间可以喝咖啡，但需要没收手机的咖啡书店。店里摆满各类书籍，有武侠小说，金庸、古龙、梁羽生、温瑞安、黄易；有民国散文，朱自清、林语堂、梁实秋、沈从文、周作人；有经济类文选，亚当·斯密、凯恩斯、哈耶克、林毅夫、张维迎；有华语小说，王跃文、老舍、巴金、莫言、铁凝；有世界名著，巴尔扎克、高尔基、狄更斯、马克·吐温、昆德拉；有哲学妙文，尼采、笛卡尔、康德、柏拉图、马克思……

关键是不能有手机！

希望这一天早些到来。

2018 年 4 月 29 日

七十七

记得有一个很有意思的影片，叫《七十七天》，讲述两个有梦的年轻人穿越无人区的故事。当时，我就记住了“七十七”这个数字。今天，下意识使然，我打开自己的公众号，查看了今天关注我的朋友人数，正好是七十七！挺巧，所以，这篇文章就冠以此名吧！

我的公众号“果果的尝识”运营刚好一个月。我一直都是先在 word 文档上写好文字，检查一遍后，再复制粘贴到公众号后台，从不随性地直接书写发布。这样，一来没压力，不用担心文思突然枯竭，二来也是责任心使然，做好准备的文字总会更好一些。今天，正好有了《七十七》这个名目，而昨天还是六十五个人关注。我很有些惊喜，决定尝试一下，直抒胸臆。

这两天在沧州挺忙的，前天驾车出差，昨天又要回京开会。由于限号的缘故，也想让自己轻松一点，所以昨天往返北京是乘坐高铁。每次乘坐高铁或飞机，我都有提前到站台等候的习惯。昨天，我提前 40 分钟到达高铁站，正好等候区有卖书的小摊位。不是标准的书摊，小杂货铺似的，书籍也不是主要商品。我在那儿停留了三分钟，选择了一本季羡林先生的散文集《神奇的丝瓜》。我看过郁达夫、林语堂、朱自清、周作人等先生的文集，最近也看完了《胡适谈世相》。对于季先生，我久闻其名，但没有拜读过他的文字，今天机缘巧合了！

看了不到一半，我便觉得文字朴实真诚，虽不像郁达夫或沈从文那样的妙笔生花，但这种真实感竟有一番类似番茄的滋味，清新且顺喉。挺好！

抱歉，写到这里，我自己都觉得这篇《七十七》有点不知所云了，还是归纳一下想说的大意吧！

读书，是随时、随处、随性都可以实现的，无论再忙，脑袋再满，偶尔放空心灵，看一看先生们的文字，也许就可以见到超越现实的林林总总。

写字，其实也一样！

七十七天，神奇的丝瓜……我爱阅读！

感谢关注“果果的尝识”的七十七个好朋友！谢谢你们！我会继续努力的！祝好，五一节快乐！

2018年4月28日

亡命之徒

我的个人爱好：音乐、围棋、足球，记不清已经写过了多少次，似乎每次填资料、上网、加入个什么组织，都要有个人爱好这个问题。也不知哪一天，我才敢把“亡命之徒”这一爱好给写上去。

昨天，在回京途中，高铁电台播放了纵贯线的《亡命之徒》。还记得好几年前，刚听到这首歌的时候，真可谓“一听倾情”，格外喜欢。可惜，那时竟忙碌到连认真记录一首歌的时间也没有。

当然，现在的我也挺忙碌的，但更多了一些内心的自由。我觉得应该做点事情，为了这一首精彩的好歌。

歌中，张震岳说：“叔，为啥生活如此的不容易？我究竟是怎么了？”

李宗盛回答：“淡定！”

周华健说：“哥，为啥命运如此的不公平？我究竟是为了什么？”

罗大佑回答：“呼、吸，呼、吸，呼、吸，呼……”

当然，歌曲的内涵远远超越了我所写的这几点，如果你现在心情闲适，也愿意认认真真地听一首好歌，那么，就在你的手机上，搜索一下“纵贯线——亡命之徒”，就会得到你想要的。

我喜欢音乐，尤其是好音乐。有些歌不光是用来听的，还可以用来认真读。纵贯线的《亡命之徒》就是这样一首好歌。“我们都只是沙子，我们都只活一次……”我们都是亡命之徒，因为我们只能活一次。

我没有别的意思，真的只是希望和朋友们分享这首好歌。可能是我想多了，你们根本不会有责怪我的意思。

记得用说唱的方式，试试我刚才写的几十个文字，你会发现文字真是一个很有意思的东西。

2018 年 4 月 29 日

5 月 12 日

此刻的北京，早晨 9 : 37。窗外有飞鸟，偶尔有疾驰而过的大小车辆，部分行人或散步、或急步、或漫步。媳妇在客厅耐着性子教果果学一首李白的诗。果果很是执拗地说："妈妈，我想看'猫咪'（果果对平板电脑的称谓）！"不过，果果有一个更为执拗的妈妈。

记得 10 年前的此刻，我在昆明一家广告公司上班，在 16 层。

也许 10 年前的此刻，汶川的某个学校，一班可爱的小朋友也在老师的教导下，朗读着课文。

记得 10 年前的这天午后，我同现在一样，正在电脑前打字，突然感到桌子摇晃了一下，有声音传来："地震了吗？"接着，桌椅和吊灯更是激烈地摇晃了一下，然后，就平静下去了。一些同事不免慌乱，犹豫着是否下楼。我说："没事的，不用慌。"还是有些人下了楼，我则继续留在楼上，也许是无知者无畏吧！又过了 20 分钟，同事们陆续回来上班。此刻，网络上已经可以查到："今日 14 : 28，汶川发生 8.0 级特大地震……"

那天下班回家，所有媒体都在传播着汶川大地震的画面、信息。

我的 5 · 12 记忆主要来自身在 16 层的那次摇晃。我不太愿意去想象那天、那刻、那秒，千里之外的汶川的某个学校，那一班可爱的小朋友经历了什么。

10 年过去了，我从广告公司到了房地产公司，从单身变成丈夫和父亲，从昆明来到北京，也经历了母亲离世的疾风，以及微风般的痛心。

至今，我依然没有去过汶川，对比许多10年前奔赴汶川之人，我是惭愧的。我也不太有勇气去新闻里检索那些地震原址，不清楚到了那里，该如何表达自己的心情。但看有网友在某个原址前摆Pose，还说声“来，笑一个”，心情还是很不舒服。也许他并不知道，此刻，他的脚下埋葬了许多朗读的声音。

今天是5月12日，愿所有在十年前的今天亡去之人，安息!

祝所有经历过那次生死的同胞，一生平安!

此刻，客厅里，果果已基本学会了李白的《古朗月行》：小时不识月，呼作白玉盘。又疑瑶台镜，飞在青云端。仙人垂两足，桂树何团团。白兔捣药成，闻言与谁餐。蟾蜍蚀圆影，大明夜已残。羿昔落九乌，天人清且安。阴精此沦惑，去去不足观，忧来其如何，凄怆摧心肝。

……

2018年5月12日

论“半瓶醋”的可爱之处

在一个川味烤串店，生意火爆，耳旁一片聒噪，充斥着各种音调、各地方言、各类话题。我点了烤串、韭菜、茄子。由于一会儿还要去取车，否则，就再来点啤酒搭配烧烤，多么惬意啊！

餐品一时无法上桌，我就把有关“半瓶醋”的感悟理一理。

“满瓶不动半瓶摇！”记不起这是谁和我说的了，总之印象深刻。大概意思是那些真正有才识、有能力之人，都很淡定、很稳重。爱折腾、爱闹腾的往往就是那些一知半解的“半瓶醋先生”。

步入社会十余年，最近，我对这句话有了更多感悟，也总是碰上自我感觉良好的“满瓶醋先生”。比如开会，领导在上面讲话，下边坐了一堆牛人。领导说完，该牛人查漏补缺了吧！多数情况下，听不到肺腑之言，“满瓶醋”们或是不屑于表达意见，或是怕露怯，总之，一副无话可说的样子。所幸，此时还有“半瓶醋先生”，他们慷慨激昂，能说些真话，虽然不一定准确，但至少没让讨论会变成传达会。这是“半瓶醋”的可爱处之一。

那些自诩牛人的“满瓶醋”，总担心自己说错话丢面子，轮到自己发言时，总是一味的“嗯”“啊”“不错”“有道理”“好”，当然，关键时刻还是能抑扬顿挫地把几个简单的意思表达出来。到底还是“满瓶醋”嘛！厉害！

而“半瓶醋”呢？他们还是很有自知之明的，对于未知、对于求知，更有欲望，也更爱表达，虽然常给人不懂装懂之感，总好过明知却装傻。直抒胸臆、不耻下问，这是“半瓶醋”的可爱处之二。

目前，社会上也有一种观点，谓之“空杯心态”，是说人应该虚怀若谷，应该放空自己，应有包容之心，应有求索之欲。有空杯之心态者不乏其人，因为腹内本就没什么东西，也的确是空空如也，但若真指望他们虚怀若谷，就太天真了。他们实在是太空了，连很多浅显的道理都理解不了，沟通起来特别费劲。此时，“半瓶醋”的优势就体现出来了。他们往往具有一定的知识积累，是非黑白还是能分辨清楚，易于沟通，这是“半瓶醋”的可爱处之三。

综上所述，能说真话、善于表态、容易沟通，此为“半瓶醋”的三大可爱之处。此记！

2018 年 5 月 16 日

小满

立春雨水惊蛰分，清明谷雨立夏满；

芒种夏至小大暑，立秋处暑白露分；

寒露霜降冬小雪，大雪冬至小大寒。

中学时，我总是记不住二十四节气。想来，自己背古诗还行，能不能把二十四节气以古诗的形式记录下来？于是，就有了开篇这首“非典型”七律。这六句，让我记住了二十四节气。

2018 年的小满是 5 月 21 日。它是夏季的第二个节气，是指麦穗已开始成形，有“小满”之状，遂谓之小满。网上搜索得知，二十四节气更符合中国北方的气候特点。南方多种植水稻，5 月开始进入多雨时节，雨水的多寡决定了当年水稻的收成，故南方视湖塘水满为保障当年收成丰沛的条件，因而，北方言之“麦穗灌浆饱满”，南方言之“雨水丰沛湖塘水满”。小满得以南北通用。

“江南沃野过插秧，江北麦麸便灌浆。西子湖边人好客，茶商脚走款丝商。”这是现代诗人左河水创作的《小满》。无论南北，小满皆可算是一个吉祥的节气，在它之后，即将进入收割节气——芒种。半年之劳作，即将看到成果，终归是一件令人期待之事。而南方则是插秧播种之始，是劳动兑现成果之始。当然，现在已不再是农业主导的社会，小满一过，气温一天比一天高，而每年都有数百万的高三学子，即将迎来人生之大事件——高考！对于从业者而言，三月、四月是入职高峰期，多数人也在小满之期迎来职业生涯的小满，要么转正，要么再谋生计。对于多数企业，小满之期也利于生产、周转，产量大多也是一年中最为丰沛之时。

小满，满满！也愿自己在小满之期，通过努力，收获圆满，不负已经过去的七个节气，不负自己！

最后，用欧阳修的一首《小满》结束此文：

夜莺啼绿柳，皓月醒长空。最爱垄头麦，迎风笑落红。

2018 年 5 月 26 日

端午记

今天是农历五月初五，中国的传统节日——端午。端午之由来，各说不一。目前，比较普遍的说法是祭祀投江而死的古代先贤屈原，也有部分学者考证出屈原以前中国已有端午划龙舟、吃粽子的习俗，端午节是祭祀龙王及祈求风调雨顺的节日。

我不是考古学家，但愿意相信端午早在春秋时期就已存在，从理论角度出发，祭祀屈原或伍子胥之说都应是后人附会的。以后，也希望女儿果果记得，若听谁再讲端午乃祭祀屈原之事，便可很磊落地说，“不是的，端午自屈原之前就已存在，端午节与屈原并无直接关系。”

端午于我，印象最深的就是包粽子和吃鸡蛋面。老家云南没有挂艾草的习惯，每每端午将至，母亲就会预备采购糯米、粽叶。云南的粽叶比较独特，是长在地上的一片一片蛮硬朗的植物，和竹叶截然不同，包出的粽子也带有粽叶浓浓的香气。母亲向来能干，偏偏就是学不会包粽子，所以每次端午节，总要找同村的亲戚来家里帮忙，通常是找我的舅奶。一般需要一上午的时间，把清洗好的粽叶、新泡的糯米、线三样物料备齐。舅奶会很娴熟地拿起粽叶折叠一圈，让粽叶形成一个圆锥状，再用另一只手抄起一把或两把米，放入圆锥中。然后，最关键的时候到了——将粽叶折叠成四角状，用线将粽身缠绕拴紧，一个四角分明的美丽的粽子就诞生了。也不知为什么，目前市面上的很多粽子都是四角不够饱满，或中间的线勒得不妥，令粽子美感尽失。彼时，每当舅母包粽子，母亲都会说：“各种农活我都学得会，可就是学不会包粽子，总要麻烦舅母你来帮忙。”舅奶倒很亲切道：“也没啥忙的，就是怕以后小万他们都不会包粽子了。”半晌，母亲端上午饭。在农村，叫谁帮忙，请吃顿饭就算回馈了。这天的午饭通常会有肉菜，所以，我除了记得包粽子，还记得包粽子这天可以沾到荤腥。

粽子包好到端午节还有一两天的时间，其间，总能闻到浓浓的粽香。拨开粽叶的那一刻，白白的糯米瞬间跃入眼帘，鲜香软糯。我们的粽子是不放任何配料的，纯纯的米，糯糯的香。至今，我仍最爱吃不放配料的纯米粽。

云南文山这边的传统，端午这天还要吃鸡蛋面。准备鸡蛋面是父亲的事，他一般都会交代母亲事先买好面粉和鸡蛋。端午上午，他便拿出盆，装好面粉，将面粉中间挖出一个凹槽，再用另一个小盆，装好敲开的鸡蛋，蛋液搅拌均匀后倒入凹槽，开始揉面。大概四十分钟后，父亲会将揉好的面团带到村上有打面机的人家，花个一两块钱，面团就变身面条了。由于面条未干，打面条时要带上几根竹竿。还记得曾和父亲一起去打面条，我将竹竿扛在肩头，父亲将竹竿握在手中，一前一后，将鸡蛋面带回家。

煮面可是父亲的绝活。平时煮面是没有肉酱的，只有端午这天，才会配上足量的肉酱。鸡蛋面一上桌，父亲会说：“多放点肉酱！”我和姐姐都不会放太多，父亲便给我们每人碗里多放一些。如今想来，那碗热腾腾的鸡蛋面竟是如此美味动人。

我自诩美食达人，每每提及端午，自然想到白糯生香的粽子和肉酱丰盈的鸡蛋面。这是专属我的端午记忆。

今天又逢端午，约了朋友去吃海底捞火锅，可惜，再也吃不到母亲精心准备的粽子、父亲用心烹制的鸡蛋面了。

2018 年，端午节记!

2018 年 6 月 18 日

格物致知

《大学》中有这样一段文字：

曰："敢问'致知在格物'何谓也？"

曰："物者万物也，格者来也，至也。物至之时，其心昭昭然明辨焉，而不应於物者，是致知也，是知之至也。知至故意诚，意诚故心正，心正故身修，身修而家齐，家齐而国理，国理而天下平。此所以能参天地者也。"

后人将此段文字整理成：格物致知，诚意正心，修身齐家治国平天下。

而"格物致知"与"实事求是"的思维逻辑是一致的，也就是，万事万物之知识来源于对万物的观察、研究、思考、实践。

真理往往并不复杂，也并非全部来源于什么高深的思想，中华文明的泱泱长河中，随处都是经典思维的浪花，不过是我们不自知或不自信而已。

说"格物致知"，其实，我想表达的是关于文化自信的问题。

民国初年，伴随封建社会的结束，各种思潮风起云涌，其中较为典型的就是"费厄泼赖"精神。"Fairplay"指的是强者应该宽容弱者；还有德先生与赛先生之说。德先生是指 Democracy（民主），赛先生是指 Science（科学）。当时的倡导者是陈独秀先生。这个属于文化领域。而在经济领域，由于传统的重农轻商思想，人们对经济的研究往往停留在浅层。在此前提下，我们的经济学基础只能完全采用借鉴吸纳西方经济学，如亚当·斯密、凯恩斯、哈耶克、熊彼得等人的思维，而这些思维都有一个共性，即建立基础是西方的文化理念和社会基础。同时，西方经济学还有一个硬伤，那就是三大假设：理性人假设、完全竞争假设（最大化原则）、资源最优配置假设。这三大假设不乏漏洞和缺陷，但西方经济学往往就需要视而不见，否则，整个经济理论都要推倒重来。

我想说的文化自信，并不是要否定全世界除中国外的先进文化及先进思想，如物理学中的牛顿运动定律及爱因斯坦的狭义相对论及广义相对论，如化学中的元素周期表，如数学中的概率微积分等。科学是无国界的，但社会学及经济学是与人相关的，如哲学一般，既然是以人为主体，就不应该也不能照搬西方的那一套。

那么，我们究竟该如何学习、如何看待西方的经济学及社会学呢？我想到了辜鸿铭先生。其人乃晚清怪才，获得十三个博士学位，在北大上课时，虽学贯中西，却对中国文化饱含深情。曾有学生取笑辜先生脑后的小辫子，老先生说："我的辫子是有形的，可以剪掉。然而诸位同学脑袋里面的辫子，就不是那么好剪的了。"

希望我们不要在思想里留辫子，也希望当今能多一些辜鸿铭似的人物，能对中国之精神、中华之文化充满自信！

格物致知，诚意正心，修身齐家治国平天下！

2018 年 7 月 17 日

写给果果的诗

今天不是你的生日。
昨天是奶奶的生日，然而我却忘记了。
你降临大地，已经超过了 1620 天。
当你呱呱坠地那一刹那，
当你含混地喊出“爸爸”，
当你能独立蹒跚行走，
当你自豪地告诉我“爸爸，我能自己下楼梯了”，
当你倔强地哭诉自己的委屈，
当你……
我都会想：感谢老天爷，还好，我都在。
你还会成为少先队员，
你还要参加学校运动会，
你还有挺多的家庭作业，
你还会面临小考中考高考，
你也许还会出国游学，
你还会……
我也相信，我会一直都在。
你在成长，
我也一样，
我们一起，在奋斗中，创造未来！
我会一直都在……

2018 年 7 月 29 日

中元节记忆

今天是中元节。印象中，十年前的中元节，我是在昆明家里过的；二十年前的中元节，应该是在文山老家过的。十年前也好，二十年前也罢，我是不可能想到自己居然会在北京过中元节的。人生永远是这样，无法预测十年后的自己会在哪里，过着怎样的生活。

在我南方的记忆中，“中元节”被母亲叫作“七月半”。每到农历七月十四这天，我们要将祭祀用的纸揉成团状或叠成元宝状，放入纸包内，还会在包内放入彩纸剪成的衣服和鞋子。母亲会让我和姐姐在纸包上写祭文：故显妣、故显考、故祖妣、故祖考、故曾祖妣、故曾祖考……我记得有一次居然写了四十九个纸包，手都酸了。妈妈会鼓励我：“写完一个就少一个！你看，已经不多了。”我们把鼓鼓囊囊的纸包用面糊封好口，在门口放置一排。父亲会杀一只鸡，用最后的一些鸡血散碎洒在纸包上。

晚饭时，大人会做些好吃的，起码是有肉的。当然，还会将一整只鸡煮熟，祭拜先人。献饭完毕，总算轮到我们吃了。饭前，爸爸会拿出一个小碗，夹不多的菜肉放入碗内，再盛点米饭，加一点水放在门口，我们才开始吃饭。

饭毕，天还没有全黑。多数情况下，我们会看一会儿电视，到九点左右，妈妈会说：“准备烧包了！”这时，我和姐姐都会帮忙，先是在家门外找出一片空地，再点燃一把香，将这二三十支轻烟袅袅的香插在地上，形成大小两个圆圈。妈妈说，这香是挑钱的扁担。还要准备一些没装成包的散钱（冥纸），妈妈说，这是给挑工的工钱。我当时想：“难道天上也有家境困难的仙灵要打工吗？”母亲笑答：“有些是没有子女给烧钱的，就需要来做挑工了。”

香插好后，母亲会把父族这一支的纸包放入大圈内，用火柴点燃，便让我和姐姐持续往圈里加包，火苗热得烘脸。而小圈内投入的是母族一支的纸包。每次烧包时，母亲都会念叨一些话。说老实话，当时我真的有点害怕，感觉夜空中到处都是来拿钱的仙灵。每次母亲都会对我说：“年年有个七月半，前人做给后人看，你们以后可要记得七月半烧包给先人。”

昨天晚上，我和媳妇，还有闺女，按母亲教的方式，也去烧了包，包括烧给母亲。同时，我也向天上的母亲讲述了自己和家人的近况。我相信母亲能听到。

今天中元节，记得母亲说过，七月十五这天，众位仙灵要去开会，没时间来收钱，所以务必提前一天烧。可能北方和南方不一样吧！

中元又至，我想你了，母亲！

2018 年 8 月 25 日

亲爱的

这是一篇命题作文。

本来想写很多话题，刚巧果果在身边，我便顺口问了一句："爸爸今天要写一篇文章，你希望爸爸写什么啊？""亲爱的！"这是果果的回复。我有些诧异，但也蛮高兴，那我就写一篇《亲爱的》吧！

亲爱的

如果是一朵美丽的花儿，我会说：亲爱的。

如果是一片绚丽的云彩，我会说：亲爱的。

如果是一百天以后的第一滴雨，我会说：亲爱的。

如果是恋爱时的她 / 他，我会说：亲爱的。

如果是久经挫折后的第一次成功，我还会说：亲爱的。

但有很多很多时候，我却忘记了说：亲爱的。

当一个陌生人看到我抢红灯提醒我注意车的时候，

当地铁里有美丽的姑娘给怀抱婴儿的近邻让座的时候，

当老师在课堂上拿我试卷上的错误教导大家的时候，

当领导在不知名的场合教导我该这样那样的时候，

当多年好友突然打电话告诉我，他的孩子出生了，共同分享喜悦的时候，

当父亲在我犯错误时严厉批评我的时候，

当妈妈给我端上一碗肉挺多的热乎乎的面条的时候，

我其实都很想说，亲爱的！

可惜你也知道的，我都没有说。

我想你也一样吧！

如果妈妈没有离去，

如果爸爸未曾老去，

如果好友就在身旁，

如果领导能看懂心语，

如果老师还能听我回答问题，

如果美丽的姑娘明天依然会遇到，

如果那个陌生人再次提醒另一个如我一般的人的时候，

我会不犹豫地说：

亲爱的，谢谢你！

2018 年 9 月 19 日

中秋节快乐

现在已是23:55了，再有5分钟，就是9月22日，中秋节放假的第一天。2018年的中秋节，阳历九月二十四日，星期一。还好，我们放假。

临近中秋，各种祝福开始多了起来，当然也包括号召我们回家团圆的中秋文字。回忆一下以往的中秋，似乎大学毕业以后，和家人一起过中秋的经历屈指可数。我也不记得究竟是为什么了，但有一条是肯定的，缺钱，对！

今天的中秋，有一段话我感觉很经典，摘录如下：

工作，你总是第一时间赶到。

回家，却往往是带着歉意的迟到。

别让想念，总是想念。

今年中秋，你回家吗？

家圆，团圆，碧桂园！

我承认有软文广告的嫌疑，但无论怎样，这几句话击中了我的内心。但凡把家庭作为生命中最重要部分的人，都会被这样的文字给击中。

今年中秋，很遗憾，我没有回家。所以，以上感动的文字也就停留在感动而已。何时可以让感动回归现实？让打工仔可以早点下班？我想，这些都是相对更重要的事情，也包括最近炒作得沸沸扬扬的税局追缴社保暂缓事宜。

月到中秋分外明，人近不惑格外清。中秋历来就是家人团圆欢聚的节日。今年的中秋正好在国庆七天长假的前一周，估计许多人都会选择独上层楼，赏花、赏月、赏秋香。也会有很多人不能回家聚首，但他们的心应该是与家人同在的。

本来写下这篇文字是想让看到文字的人多一些轻松，多一些快乐。但中秋节的亲情感召力太强大了，我们看到的各种描述中秋的文字也是伤感多于欢乐、别离多于相聚、缺月多于月圆。比如海上生明月，天涯共此时；比如今夜月明人尽望，不知秋思落谁家；比如明月几时有？把酒问青天；比如西北望乡何处是，东南见月几回圆……

距中秋节还有两天，虽然无法聚首，但一个电话、一个微信、一句贴心的中秋问候，只要是发自我们肺腑的祝福，家人必定能够收到，也能在月圆之夜，与你一起同心赏月。我想，这也是中国传统文化最重要的部分，可能有些唯心主义，但我们相信中秋节这一天，你看到的月亮与我看到的月亮应该是一模一样的，都代表了此刻的团圆，也代表了无论人生如何坎坷，总有月圆之时，人生总有时来运转的一天。

祝你中秋节快乐!

2018 年 9 月 22 日

成都，北京

还有两天，就是第 69 个国庆节了。今年依然是 7 天长假。5 月的时候，和 10 年未见的同学相遇，约定今年国庆在成都聚聚。时间确实蛮可怕的，一不留神，15 年就这样过去了，时光如斯夫!

1999 年，国庆 50 周年。那一年令我印象最深的是，前一年刚经历洪水之灾的中国又遭遇驻南斯拉夫使馆被炸事件。彼时的我血气方刚、意气风发，还加入了抗议美国的游行队伍。那一年也是我到成都的第一年。第一次离开家乡 2000 公里，开启了自己的大学生涯。

说回成都，如果在国内寻找和成都最相像的城市，北京无疑是首选。北京和成都都很大，都很富足，都很包容，都很有派。

首先说大。城市规划方面，北京有二、三、四、五、六环，七环中 90% 以上都在河北省辖区，所以，准确说七环算不上北京的，七环是京津冀的。成都呢？也有一、二、三、四、五、六环了，至少现在在中国找不到第三个有六环的城市。北京主城区面积约 1400 平方公里，成都有 1090 平方公里。当然，中国的大城市还有很多，上海、广州、重庆也不小，但对比这些城市，北京与成都还是最相似的。此外，北京有昌平、顺义、通州、大兴、房山、门头沟等卫星城；成都同样有双流、温江、郫县、新都、龙泉驿等分流主城人口。

再说富足。两个城市的 GDP 都是过万亿元的，至今国内也就 14 个城市 GDP 过万亿。成都为四川省的省会，也是中国西部的中心城市，商贾云集。北京是首都，地铁里你都会遇到身价过亿的低调富豪。

三说包容。我在成都待了四年半，在北京也已超过三年，无论是第一次到成都，抑或第一次到北京，感到两个城市都不排外，很容易与当地人沟通，问个路，打听个事，都很方便。更重要的是，当地人对外地人都挺客气。这或许与两地都地处平原有较大关系。在北京，你遇到的80%的人可能父辈、祖辈也是从外地迁徙而来的，因而，对外地人也就少了一分排斥。而成都可能得益于川人好客的传统，普通话在这里也非常好使。说起包容，我还想到一件比较有意思的事情。1971年出生的汪峰写了一首歌《北京、北京》，而1986年出生的赵雷也写了一首歌《成都》，他们都是北京人。如果细数以大城市命名的歌曲，这两首当之无愧是最知名的了。

最后说派。派，是一种很奇妙的东西，无法言语，只能意会。北京的派是来自皇城的那种雍容和自信，成都的派则是一种悠然自得的惬意安然。没法比较哪种更好。如果非让我选择，我会更喜欢悠然和自得。可以说，派是每个城市自有的一种风格，这里只说成都和北京的派，是因为它们更具代表性，体现得更为明显。

借用赵雷写在《成都》中的几句歌词作为结语：

分别总是在九月，回忆是思念的愁
深秋嫩绿的垂柳亲吻着我额头
在那座阴雨的小城里
我从未忘记你

2018年9月29日

宽窄巷子

时间是个神奇的东西。国庆的七天长假一晃就过掉六天。2 日至 4 日在成都的三天成为这次国庆唯一的出游，其余几天都是陪家人逛街、看电视、看书，一天很不经意地就过掉了。

在成都的几天，也主要是与大学好友聚餐、打麻将，只有 4 日上午抽出两个小时的空闲，一个人去了久闻其名的宽窄巷子逛了一下。

宽窄巷子位于成都主城中心西南向，与天府广场相聚 1.5 公里，步行十余分钟可达人民公园。如果从区位角度分析，可算得上成都市区的核心位置。这里交通便捷，地铁 4 号线的宽窄巷子站和地铁 2 号线的通惠门站都比邻景点。宽窄巷子占地并不大，百余亩占地，由宽巷、窄巷、井巷组合而成，均为清一色的清朝古旧建筑。北京的南锣鼓巷、大理的大理古城、天津的五大道都与之类似，但若从规模上看，宽窄巷子应该是最为浓缩的了。我是 10 月 4 日当天去的，人山人海，偶尔驻足观看了一下几个颇有意境的小店，结果，不到一个半小时就逛完了整个宽窄巷子。后面实在是觉得人满为患，我从景区北侧的支矶石街围绕巷子走了一圈，合计也不超过 20 分钟，就走完了一圈，招手叫了个摩的，便赶往学校。

宽窄巷子因占地有限，反而容易看出许多用心的细节，包括入口处醒目的高矮墙檐，进入巷子前的各种有特色的壁画和小品，以及景区外统一布了景的青砖瓦墙。当然，最有味道的当属宽巷、窄巷中各家商肆给自己起的雅号，“隔壁子”“宽坐”“可遇”“兰亭叙”“听香”……也有三联书社、星巴克、老字号梁记肥肠粉等一眼知其意的俗名。每次看到颇有意趣的店铺，我就会觉得十分可惜，如果只有不足千人的游客，大家便都能放慢自己的时光，于每一家店内都能驻足思想片刻，静静玩味文字及老砖青墙。那该是多么惬意的事情啊！

宽窄巷子给我的感觉，本有高山流水之意，奈何此刻用“油盐酱醋”形容更为贴切。不止宽窄巷子，国内的诸多古镇古城无不如是。无论南方的丽江、束河，地处华北的密云古北水镇，抑或中部的湘西凤凰古城，无论何地，只要是景美，自然少不了如织的游人走马观之。

宽窄巷子，希望终有一天，回归宽与窄，少一点车马喧。

2018 年 10 月 6 日

能饮一杯无

大约 1182 年前，大唐诗人白居易隐居洛阳。这一天，白夫人给他新酿了甜美的米酒。在看了一卷古书之后，白先生伸了伸胳膊，起身来到小院，见天色已暗，太阳快要落山了，一阵湿冷的风正好袭来。白先生打了个寒战，回屋坐到火炉旁，看着燃烧的柴火，有些想喝酒了。可碍于年龄大了，且独酌也有些无聊，便拿出一张卷纸，提笔写下："绿蚁新醅酒，红泥小火炉，晚来天欲雪，能饮一杯无？"题诗名：问刘十九，并把卷纸拿给小书童，让他送到同在洛阳的刘老爷家。

这天确实挺冷的，小书童将卷纸收好，藏入衣袖，披上蓑衣，疾步跑往刘老爷家。他在半年前陪白先生去过一次，也就记下了刘老爷家的位置。

约一炷香的工夫，小书童来到刘十九家，砰砰砰地叩门。很快，门开了，一个五旬老翁问："你找谁呢？"小书童回答："我是香山居士家的书童，我家老爷让我把这个送给你家刘老爷。"老翁收下卷纸，对小书童说："回复你家老爷，刘老爷出远门了，可能三天后才能回来。"小书童只好说："那麻烦你等你家老爷回来，把这卷纸交给他，拜托了！"

从刘老爷家出来，已经下起雪来，而且天色越来越暗，小书童一路小跑着赶回了家。

白居易见小书童独自回来，有些失望地问："刘老爷不愿意过来吗？""不是的，刘老爷出远门了，说三天后才回来。""哦……知道了，准备开饭吧！"

这天，白先生没有喝酒，新酿的酒被密封封存起来。他吃完晚饭，再次回到小火炉边取暖，此时已点起了油灯。白先生把记事簿打开，提笔将刚才那首小诗誊写下来：

问刘十九

绿蚁新醅酒，红泥小火炉。

晚来天欲雪，能饮一杯无？

1182年后的一天，也下雨了。我置身保定西南的一家小肆。此时的北方已进入冬天模式，刚才去找一家小馆吃晚饭时，脑袋里想到了白居易先生的这首著名的约酒诗，是以记录下来。也许再过1182年，亦会有另一人，在不知名的地方，想要念一念这句："晚来天欲雪，能饮一杯无？"

2018年10月15日

写给父亲

这几天，北方秋雨秋风秋凉起。听二姐说，昆明也开始降温了。不知父亲您最近是否还每天下楼找邻居下棋，如果出门，记得多穿些衣服，昆明的风，比较大。

我离开昆明，已有三年半的时间了。人到中年，还过了一次北漂的瘾。可能秋天是个比较容易思念的季节，尤其今年，寒冷来得快，我竟开始想念起昆明温暖的秋来了。当然，更主要的，是想念父亲，想念亲人。

今天早上，果果给我发了一条语音，说她想我了。其实，我也很想她。昨天，我看到她在微信给您发了一条："爷爷，明天是重阳节，祝爷爷节日快乐！"我挺欣慰的，感受到了暖暖的温情，让这个湿冷的秋在心底变得温暖了一些。我也想果果了，同为父亲，我现在更懂得您的不易了。

虽然 18 岁就到远方求学，农村生活的印记却深深烙印在我的心里。我时常会想，如果是我生活在农村，要养育四个孩子，我会怎么做？

小时候，我总是很崇拜您，您会拉二胡，会吹口琴，还会拉小提琴，会理发，会木匠活，会建房子，感觉您会的东西数不胜数。我也曾想自学二胡，可能没有遗传您的音乐天赋，到底没有学会。还好大哥会吉他，我虽然不会乐器，但很喜欢唱歌。大哥和大姐、二姐也比较喜欢音乐，应该和你经常拉二胡有很大关系，已经有一段时间没听到父亲您的二胡声音了。这次春节回家，希望您能再拉一曲二胡给我们听。

小时候，我总觉得自己的想法才是正确的，常常会顶撞您。记得那年念高二，一次周末回家，您和母亲去搭三七棚，我也去了。搭三七棚需要把玉米秆、杉树叶混杂着盖在离地 1.8 米高的地方。我当时觉得玉米秆和杉树叶的间隙要更密一些才行，可您坚持要我按照您的标准来，我就自以为是地和你争执起来。最后，您发火了，虽然没有骂我，但语气比较严厉道："就按我教你的做！"我心想，您也太不讲道理了。现在，我也已为人父，也从事了管理工作，才明白你的道理。

您平时少有和我聊起过往，聊您年轻时的记忆，但我内心一直比较期待，希望能有那么平平淡淡的一个小时，您在火炉旁，向我和果果诉说您修路的过往、您如何学会各种乐器、您的木工手艺是谁教的等家长里短的话题。我希望，不止我，还有果果，都能有更多一些关于您的记忆。

父亲，今天是重阳节，祝您节日快乐！

2018 年 10 月 17 日

马兰花开

马兰花，学名马蔺，生于荒地、路旁、山坡草地，多见于过度放牧的盐碱化牧场、草场。马兰花最大的特点在于顽强的生命力，无论荒野，还是旱地，都能看到它们的身影，尤其在中国西北，常见一望无际的马兰花。

1964 年 10 月 16 日，中国第一颗原子弹在马兰花丛生的罗布泊地区成功爆破。至此，中国成为世界上第五个拥有原子弹的国家。

彼时的中国一穷二白，为了研制原子弹，不计其数的科研工作者隐姓埋名，奋力研发，有人甚至在科研过程中献出生命。可以说，中国原子弹的成功研制离不开千万默默无闻的奉献者。其中最知名的当属毕业于西南联大，后留学美国，与杨振宁是同乡及校友的邓稼先先生。20 世纪 50 年代，我国不仅在经济上存在很大的不确定性，物质生活水平与美国比也相去甚远，然而，邓先生拒绝了美国大学及好友的挽留，毅然回到中国，投身科研事业，后来又接受钱三强院士的邀请，瞒着妻子投身于研制中国原子弹的工作。

经过 14 年的艰苦奋斗，中国终于在 1964 年拥有了属于自己的原子弹。由于西北生活条件恶劣，加之经常身赴试验场地一线，在 1979 年的一次试验中，邓稼先受到了核辐射的影响，健康情况急转直下。1986 年 7 月 29 日，邓稼先因癌症不治去世。临终前，他说了一句："不要让人家把我们落得太远……"终年 62 岁。

小皮球，圆又圆，马兰花开二十一，二五六、二五七，二八二九三十一……不知还有多少人记得这首朗朗上口的童谣，歌词简单质朴，一直往上数，最后一句是"九八九九一百一"。

如果人的一生是由什么决定的，我想应该是由自己做出的一个又一个的选择形成的。一如邓稼先先生，从选择回国报效祖国开始，他的人生就与同为老乡、校友和留美的杨振宁走向两个完全不同的方向。当然，杨先生也很优秀，获得了诺贝尔物理学奖。人生的选择从来没有对与错，但邓稼先的选择，令他青史留名。可以想见，即便再过一百年，我们的小学教科书里也依然会提到邓先生的奉献精神。

科学没有国界，但科学家可以选择自己的祖国。

向同邓稼先先生一样，为国家付出热血、年华的可敬的人们，致以崇高的敬意。

2018 年 10 月 17 日

生命的宽度

看到一则网上旧闻：一名浙大博士投江（钱塘江）自尽，结束了自己的人生，四日后，遗体被寻获。阅后，心里瞬时泛起一种难言的苦涩之味。

26 岁的生命，本可以很精彩、很绮丽、很风光，却戛然而止。

我曾经不止一次地想过，生命的意义究竟是什么？许三多说："生命的意义就是要好好活，好好活就是要做好多、好多有意义的事。"似乎有点绕，真的钻牛角尖的话，你会越研究越混乱，因为很多简单的问题反而是最深奥的哲学问题。比如，我是谁？我从哪里来？我将到哪里去？可能大多数人不屑于思考这样的问题，但它们还真是哲学的三大问题。而生命的意义或也可包含在这三个课题中。

作为芸芸众生中的一员，我们大多想的是衣食住行、吃喝玩乐。在马洛斯需求理论中，人的需求分为五个等级，第一为生理需求、第二为安全需求、第三是爱与被爱、第四是被尊重、第五是自我实现。大多数情况下，人的需求实现得越少，就越有求生的诉求，越会爱惜自己的生命；人的需求不断得到满足，在进入爱与被爱和被尊重这个层面时，因需要依靠他人才可以实现，就会导致这两者需求有比较大的不稳定性。举例而言，只要有适量的财富，则衣食住行这些基本生理需求是容易得到满足的，而安全需求是依靠稳定的社会体制，基本也是可以得到实现的。但进入爱与被爱这个层级，就会有越来越大的不确定性。很多物质富足的人也会在爱与被爱方面出现问题。至于被人尊重，从现实层面看，反而比爱与被爱更容易得以实现。当前的社会体系下，拥有财富者总是更容易得到外界的尊重。但能够达到自我实现这一层级的人寥寥无几，哪怕知名的科学家、哲学家也会在这一层面出现障碍。

此外，一个人对知识的掌握程度也会影响其对生命价值的判断。对于知识贫瘠的人而言，比较容易获得对实现欲望的满足感，其所接触的和实现的结果大多超过他们的预期。不是有这样的说法吗？幸福就是人的欲望的实现程度，欲望低，就比较容易实现，幸福也就更容易实现。但如果一个人积累的知识越多，对世界的了解程度越深，就会不自觉地提升自己的欲望，实现起来也越来越困难，幸福感就会大大降低。这也是为什么一些非洲国家虽然很贫穷，但当地人民的幸福感反而高于发达国家的原因。而全球自杀率靠前的基本都是经济发达的国家和地区。

由于经济日益增长，中国也会面临同样的社会问题。在获得财富和提升满足感的同时，自杀率或也有所提高，这就更需要我们更客观、更多元地思考和解决这一问题。

规避和扭转人生的消极态度已成为关系社会良性发展的当务之急。个人认为，除了给予问题人群更多的社会关注及心理疏导外，还应呼吁整个社会形成具有普适性的信仰追求，有信仰、有追求的人，就会更有求生欲望。同时，还应倡导民众追求生命的宽度，如本文开头提到的那个博士，如果大家都深知生命不仅属于个人，还会牵扯父母、爱人、子女、朋友的情感，也能够通过责任感方面的引导，降低出现自杀事件的概率。

最后，祝福所有的人，幸福安康！

2018 年 10 月 21 日

匆匆

一则很短的信息引发了一阵不小的怀念、祭奠、慰藉之文风。央视前知名主持人李咏先生于 2018 年 10 月 25 日因癌症不治永别人世。

2018 年 10 月 28 日，重庆万州的一辆公交车失控，冲下长江，司乘人员及乘客 15 人，生死不明。

2018 年 10 月 29 日，印尼狮航集团一架波音飞机在首都雅加达附近海域坠毁，机上 189 人无一生还。

……

最怕的就是，本来还想好好活着，却不知几天后，生命已成了过往的数字。

网络上报道李咏逝讯的文章大多比较鸡汤，归纳整理就是一个主题：珍爱健康，珍惜活着的每一天，这同样适用于万州和印尼的悲剧。

“我们都只活一次，我们只是沙子，呼、吸、呼、吸……”

第一次听“纵贯线”的这首歌时，还有些不以为然，然而，当我在写这篇文字时，这句歌词却始终不绝于耳。

生命就是一段旅程，有起点，亦会有终点。如何才能让这场旅程异彩纷呈？那就要勇敢面对每一段苦难的历程。从生命的意义的角度而言，我们的生命之轮若只在高速路上飞驰，即使走遍千山万水，也无法领略到片刻的美感，不如静下心来，找一个对的人同行，穿过一片小树林，越过一个沙丘，走过一段泥泞道路，住过一间破落老屋……学会适时驻足，体会周遭的一切，那些美好的、痛苦的、遗憾的种种情愫都是宝贵的财富。

生命的意义从不是单纯的长度，而是你赋予它的温度。

最后，用朱自清先生的一段经典文字结束此文：

燕子去了，有再来的时候；杨柳枯了，有再青的时候；桃花谢了，有再开的时候。但是，聪明的，你告诉我，我们的日子为什么一去不复返呢？——是有人偷了他们罢：那是谁？又藏在何处呢？是他们自己逃走了罢——如今又到了哪里呢？

我不知道他们给了我多少日子，但我的手确乎是渐渐空虚了。在默默里算着，八千多日子已经从我手中溜去，像针尖上一滴水滴在大海里，我的日子滴在时间的流里，没有声音，也没有影子。我不禁头涔涔而泪潸潸了。

去的尽管去了，来的尽管来着；去来的中间，又怎样地匆匆呢？

……

2018年10月30日

“双十一”的魔力

2018年11月11日21∶30，距离本年度“双十一”结束还有150分钟。截至21∶00，今年“双十一”天猫的交易额已经突破1900亿元。按此速度，超过2000亿元是板上钉钉的事。

用几个统计数据刻画一下“双十一”的神奇。2017年，我国全年社会消费品零售总额为366262亿元，平均每天发零售额（含线上和线下）约1003.5亿元。而今天，仅天猫的交易额就已经是年日均消费额的两倍还多，这还没包括京东、苏宁易购等阿里体系外的消费数据。依照2017年“双十一”的统计数据，天猫的市场占有率大约是66%，那么，今年“双十一”的网上销售额必然超过3000亿。

再对比一下GDP排名第一的美国。2017年，美国社会消费品零售总额为57564亿美元，按年初6.3的汇率换算，折合人民币362653亿元。

2018年9月末，人民币存款总额为176.13万亿元，其中居民存款总额为70.05万亿元，按照13.9亿人口计算，人均存款为5.04万元。

“双十一”按3000亿消费额计算，人均消费216元。可能数字有些枯燥，但对比2017年的数据和经济增长放缓的当下，“双十一”的销售额依然呈大比例增长（增长率超过30%），说明国内的消费潜力已经被调动，而消费正是需求及交换价格兑现的形式，消费增长意味着需求增长及交换的提速，这也意味着中国社会总体价值的增长，在某种程度上成为中国经济增长的直接体现。

在经济学理论中，收入增长对经济增长有明显且直接的促进作用，而“双十一”的消费增长必然能提高社会民众总体的收入，从而实现提高收入增长，进而提升经济增长。

由于电子商务的普及，人类的需求得以大幅度满足和兑现，而需求是一个内生增长的因素，正是由于需求不断被满足，创造出更多更高及更大的需求，需求的边际变得越来越大。此外，交换的速度也因社会的进步而变得日益加快。于是，经济增长理论中的需求及交换都在电子商务的推动下快速增长，经济增长也就成为自然而然的事情。

谢谢2018年的“双十一”，让我们能“不畏浮云遮望眼”，透过现象见本质。

22 : 30，天猫“双十一”的销售额已经突破2000亿元。

2018年，天猫“双十一”最终成绩为2135亿元。

2018年11月11日

绿皮火车

此刻，我坐在绿皮火车上，车辆不急不慢地行驶着。车窗外，老旧房屋、落了叶的大小树木、贴着小广告的电线杆子、拆了迁的断壁残垣……也以同样的速度向身后退去。

但有个东西一直都在，车跑多快，它就跑多快，它还慢慢地变得刺眼起来。没错，它就是太阳！今天的天气不错，没有雾霾，蓝蓝的天上飘着白白的云，一丝一丝的，可美了。

如果记忆没有出错，我应该有超过五年没有坐过绿皮火车了。自驾、高铁、飞机，现在的出行方式多种多样，在各方面均无竞争力的绿皮火车似乎越来越远离我的生活。

今天要到保定，办公地址近邻保定老火车站，坐高铁四十五分钟就可以到达，坐绿皮火车需要九十分钟，但高铁站到办公地址还有约十五公里，再搭车，也需要不少于四十分钟，关键是抵达保定时正好是上班高峰期。这样算了算，坐绿皮火车仅仅多用五分钟，而且我还可以有一个半小时的时间感受一下绿皮火车上的怀旧味道。

“在写小说呢？”一个乘务员把一袋蓝莓味李果放在我电脑前的小桌子上。她没多耽搁时间，继续往前每桌放上一包，随后开启营销模式。车厢内大概四五十号人，她被多次打断，但很快，又再次把话题拉回来。结果似乎还不错，不到十分钟，销售了二十余包，有乘客一个人就买了十多包。我对面的两个大叔也各买了两包，我也要了一包。哪怕这蓝莓没有丝毫治疗高血压、补肾、防衰老的功能，但起码味道还不错。

购物情绪是会传染的。在我写东西的这段时间，乘务员又卖出去了三四十包。

想来，这位乘务员今天会有个不错的心情。

太阳又往上升了一截，快到八点了，还有半小时，列车就会到达保定，接着，就是开会、做文件、电话、处理一堆工作上的大小事务。

还有半个小时，我想好好看看窗外这个后退的世界，看青黄的田野、整齐的高压铁塔、寒冬中傲娇的柏树、一栋栋斑驳的农房，还有充满朝气、相互打闹的孩童。

绿皮火车，继续往前。

2018 年 11 月 20 日

酒，可以品吗

这两天晚上都喝了酒，但状态不同，喝酒的气氛也不一样，喝出来的感觉自然也很不一样。

昨天，工作颇多，事情忙完已经 8 点了。一个人来到常去的蒙味羊汤小馆，要了一碗羊汤、一叠花生。这时，一个五十来岁的大哥也来到小馆，一个人，带了一瓶西凤酒。他也要了一碗羊杂汤，我和他对坐。倒酒时，他随口问了一句："兄弟，你也喝点？一个人喝酒没劲。"我体味过独自喝酒的孤寂，便笑着说："那我也来点。"于是拿了一个小杯，他给我倒了半杯，自己倒了半杯。两个陌生人就这样喝起酒来。西凤酒，口感还不错，柔中带甜。我们两个聊东聊西，好不快哉，后来一瓶酒竟然喝完了。我结了账，率先离开小馆，可谓酒足饭饱，所幸没有过量。挺好。

今天，也喝了酒，是和同事一起。本来一开始都挺文艺的，本着健康、和谐的饮酒理念，可伴随楼上一桌的穿插敬酒，就喝的不再是酒了，似乎成了一种工作，很有些别扭。最终，十多个人近半数东倒西歪，我也喝得人五人六的，总算结束了。

昨晚和今晚，同样是酒，喝起来的感觉却截然不同。其实，人生中的种种将就、种种曲意，不也如这两场酒一般吗？人生不如意之事，十之八九。

个人观点，酒本是个好东西，但前提是，它就是个酒，如果只当是饮品来评价的话，绵柔顺喉，余味悠长，本是个挺美好的东西。可一旦过量便也不是个好东西了，伤身失态，甚至乱性。历史上因酒误国的事儿还少吗？

酒不醉人人自醉，喝的不是酒，是感情。我爱喝昨晚的那种酒，随性、随缘，至于其他意思的酒，我不喜欢。

2018 年 11 月 29 日

读书的作用

中国历来都有重视读书学习的传统，与之相关的警句更是层出不穷，“书中自有黄金屋，书中自有颜如玉”“万般皆下品，唯有读书高”“书到用时方恨少”“学而时习之，不亦说乎”。在我国，如果用历史发展的眼光看，有三类人实现了青史留名，第一类是帝王将相，他们是一个朝代的缔造者、决策者，他们本身就是历史的一部分；第二类是行业先驱及科学家们，他们的发明创造和兢兢业业的攻坚精神推动并促进了社会的进步；第三类就是知名的文学家们：春秋时期的诸子百家、唐宋的“大小李杜”“散文八大家”、“四大名著”的原创者……若用存在时长作为衡量度的话，文学家们往往最容易被人们铭记，他们的作品往往让读者产生各种形形色色的认知和理解。

信息碎片化的今天，诸如“读书有什么用”“文学有什么用”这样的质疑声不绝于耳。因为每个人都有自己的思维和意识，各自的理解也都差异颇大，但起码有一点是可以肯定的，读书能让我们增长见识。比如我们都没法回到过去，200 年前的今天，在我写作的这个地方发生了什么，有过怎样的过往，如果没有书籍，我们是不可能了解和知道的。当然，伴随科技水平的进步和发展，可能再过 200 年，我们的后代更习惯于通过各种高科技媒体了解前辈们的言行。增长见识，是读书的第一个作用。其二，读书能让人获得心灵的慰藉和灵魂的宁静。其三，读书能让我们成为更真实的自己，就如高晓松所言：“生活不止眼前的苟且，还有诗和远方的田野。”阅读中，我们的精神世界是属于我们自己的，对同一段文字，我可以这样理解，也可以那样理解，但终归是专属于自己的理解。读书，让我们回到自由的田野。

也许读书还有很多很多的好处，在此，我只表达自己的观点，希望阅读能成为更多人的选择。

2018 年 12 月 3 日

日子

12月才开始，冷空气、冷风，冷飕飕……

昨天，保定下了今年入冬以来的第一场雪，今天正好化雪，天气晴朗，温度反而更冷。

我走进羊汤小馆，要了半碟花生米、一碗羊杂汤。摊主问："来点酒吗？"今天确实冷，我便要了一小瓶白酒，125毫升。白酒、花生就羊杂汤，美味且惬意。

店里好像只有老板娘一个人在忙，一边帮一个客人拌凉菜，一边给另一个客人拿烧饼，顺道还不忘向我说一声："羊杂汤稍等一会儿啊！一个人忙不过来了。"

正巧我边上坐着个中年男子，农民工的随意穿着，也在喝羊汤，伴着一小瓶二锅头，凉菜就是他要的。我原本想和他打个招呼，半晌没找到合适的话头。也罢，随他去吧！他的酒喝得还蛮快的。

终于，我的羊杂汤上来了，很快，羊蹄也上来了。也许是心情使然，我感觉今晚的羊肉特别好吃。这时，老板回来了，一看店内满座，脸上露出欣慰的笑容，也麻溜地忙活起来。

我身后坐了两个小年轻，估摸十八九岁的样子，也要来了一瓶牛栏山、两份羊汤，外加一条腌鱼，开怀地吃着。

"最近忙不忙？"

"还凑合吧！"

没想到，那位农民工和老板竟然认识。他们简单地沟通了一下。

老板娘问："娟儿今天作业写了吗？你在家得管着点。"

"我走时，她还在看电视呢！晚上回去也许就写完了。"老板语气轻松。

这时，来了个四十岁左右的妇女，扬声道："老板，要五碗羊杂汤，打包带走。"

"好的，稍等！要小葱香菜吗？"老板娘问。

"要。"

接下来是一分钟的宁静，也不知是什么缘故。

这小馆一家人的日子也挺幸福，因为一家人在一起。

当然，我和身旁两个离家很远的男人，在这个寒冷的冬天就着小酒喝着羊汤，这日子过得也挺舒服的。包括身后两个年轻的小伙子，还有大把的青春可以享受，他们的日子也挺美丽的。还有这个打包羊汤的妇女，尚有五个人在等着她的五碗羊汤，被人需要，也挺幸福的。

这是今晚这个小店里，七个不同身份、不同经历的人的生活片段。

不一会儿，羊汤喝完，酒也喝完了。

我结了账，告别了羊汤小馆。隔壁大哥的第二瓶酒还没喝完，后座的小年轻已先行离去，而四十岁左右的妇女此刻怕是已经把五碗羊汤带到正等着她的人身边。

老板和老板娘还在这个方寸不大的小馆内忙碌着。

这，就是日子！

2018 年 12 月 6 日

且听风吟

此刻，北京到昆明的 Z53 次火车即将出发。

刚和一个久违的朋友喝了一斤白酒。酒很好喝，话也聊得颇生动，可惜我要赶火车，可惜我们都只能活一次，罢了，罢了。

打开电脑前，本来文思泉涌，想法颇多，可真正要落实到文字上，才发现，一切的一切都是假象，最真实的只有此时此刻的自己。可惜，这件事情很少有人能参透。比如金融学，明明是简单的“信用”“杠杆”“风险”三个词能解释的东西（这三词来源于黄奇帆的讲话），可到了学术界，就要用花样繁多的数学语言来点缀和装饰。

价值由什么创造？

我们究竟活在怎样的环境？

还有很多基础性的问题，总是被忽略，被漠视，我们究竟能得到怎样的答案，见仁见智。

正好此刻，火车里传来《童话》的旋律。生命似乎就是这样。“人为何能活在这世界？”“我们真的认识自己吗？”“学习的最终目的究竟是什么？”我觉得没人能回答这些问题。同理，也没人能回答“我活着究竟是为了什么”。

我改变不了世界，但我有机会影响世界的改变；我纠正不了家人的生活，但我能让家人的生活发生转变，变得更有序、更乐观些。

就在此刻，我身旁的哥们儿喝了一口什么软饮，随后很惬意地发出一声“嗯——”我想，这种幸福感是人为干涉也制造不了的，也是作为人类的我们，搞定人工智能的唯一机会。

我们究竟会向何处去？

人工智能能否统治我们？

理论和世界究竟有没有机会紧密结合？

问题还有很多，可我的思考究竟有什么用处？列车很快到达保定，可前方的前方，还有数不清的站点，每个站点都能承接络绎不绝的旅客，由我来定义他们，不觉得可笑吗？

如果你想更深刻地领悟这个世界，请看四本书：《国富论》《资本论》《就业、利息与货币通论》《经济学原理》。能看完这些书，你一定就豁然开朗了。

我们改变不了大趋势，但我、我们可以影响小趋势！

2019 年 1 月 1 日

第三只眼

一直以来，我都认为，记者是一个需要坚定信仰、有独立精神及刨根问底的斗志的职业。不可谓不难。

这两天，一篇描述甘肃某市一个记者因坚持良心报道而备受打击的文章在朋友圈热传。虽然，最终的结果无法预见，但至少在这篇文章中，我们看到了一个有信仰、有独立精神的媒体斗士。

记者一行中，从不缺乏敢于较真、敢碰硬骨头之人，但由于当前社会对记者行业缺乏保护，也因为人性的恶面和人群的麻木，许多正义得不到伸张，记者们往往举步维艰。

若说当下社会，什么是最金贵同时也最稀缺的职业，我会把票投给记者。科技让万物互联，也让信息犹如繁星不可穷尽，但目前 95% 的网络文章都是摘抄、转载，而有深度、有含金量的调查报告、社会新闻则越来越少。人们越来越习惯囫囵吞枣地看过一堆肤浅的文字，碎片式的阅读习惯让我们根本没法沉下心来吃透一个问题。有文章指出，中国当前的记者人数（持有记者证）约 23 万人，而在职的调查记者仅仅 175 名。14 亿人口的中国，约 800 万人中才有一个调查记者，而世界上过半数的国家的一国人口还不到 800 万。同时，伴随当前一切以经济建设为中心、一切以财富多寡论成败的社会现状，想要成为一个有良心、有独立精神的记者，所面临的压力是巨大且无形的。所有人都希望家人平安、健康、幸福，而记者由于其特殊的工作性质，常会面临各种人身威胁和报复，社会应对他们给予更多的保护、关爱和支持。

社会的进步促使我们以更全的视角看待问题，直击现实，披露真相，这样方能有的放矢地做出改进。希望这个社会能让记者活得更有尊严，更幸福一些。

2019 年 1 月 13 日

难得糊涂

乾隆十六年（公元 1751 年），山东潍县知县郑板桥写下了“难得糊涂”这四字箴言。

聪明难，糊涂尤难，由聪明转入糊涂更难；放一着，退一步，当下安心，非图后来福报也。许多人在蹦跶了一段时间后，终于明白自己终究是一个平凡人，故而对板桥先生的“难得糊涂”推崇有加，于是，这四个字就流传了下来。

其实，聪明与糊涂从来就不是对立的。很多时候，聪明和糊涂甚至会反过来：糊涂些，事情反而就办成了；你太聪明，锱铢必较，到头来，事情反而没有办成。宋代禅宗大师青原行思提出参禅的三重境界：参禅之初，看山是山，看水是水；禅有悟时，看山不是山，看水不是水；禅中彻悟，看山仍是山，看水仍是水。放一颗平常心，随遇而安，也许还真的求仁得仁。

乐观也好，悲观也罢，日子终归还是不紧不慢地往前踱着，也许我们真该拿出类似金大侠那首诗的态度：他强任他强，清风拂山岗。他横由他横，明月照大江。

有时候需要难得糊涂。

2019 年 1 月 15 日

年关

小时候，每到腊月，内心就充满期待，因为要过年了。

过年对于小朋友而言，真算得上是妙不可言的事情。首先，可以吃到好吃的。也许现在的人不理解，但凡经历过20世纪八九十年代的人应该知道，彼时的农村一年也吃不上几次肉，只有到过年，猪肉、鸡肉、鱼肉才会上桌，因而觉得过年好吃的特别多。除了吃，还可以放鞭炮、贴对联，最重要的，还可以收到压岁钱。大年三十，父母会在12点前把压岁钱装在红包里分给我们，多数是5元或者10元，印象中到了初中才收到过100元的压岁钱。而压岁钱于我们，是可以自由支配的。

一晃眼，三十年弹指一挥间。我已身为人父，多年前，就开始给别人压岁钱了，除了给小孩的三五百，还要给亲近的老人准备一两千的压岁钱。由于长居北京，过年回家除压岁钱外，还要准备各式年货。毕竟一年就回老家一趟，烟酒糖茶、新衣新裤也是需要费心准备的。如今，条件好了，还要筹划着一家人去哪旅游、散散心。每次过年花的钱可能相当于平时半年的开销。此刻，我对“年关”一词有了更深刻的理解。

今天是腊月十一，还有十九天，就到春节了。其实，今天已是2019年的第16天了，但中国人的观念是，没有过年，终究还是上一年，似乎2018的很多印记还需19天，才算是真的过去了。

今年春节，按计划应是在老家文山过。目前，我对年夜饭已不是那么期盼了，再好吃的东西也不必苦熬到春节才吃得到；当然，依然比较关心今年的春晚是否会有些新花样出来；而最让人期盼的，其实是一大家子人能欢聚一起，可以喝酒吃肉侃大山，也少不了麻将烟花同出游。也期盼着，过年期间能回到孩童时玩耍过的村庄，看一看那几座变矮、变近、变小的山峦，那一汪依然清澈的水，还有那一片散发着浓郁的故乡气息的泥土。

年关将至，小心火烛；保重身体，活出自己。

2019年1月16日

此时，此刻

半小时前，接到一个电话，云南老家一个亲戚脑出血，于今天下午离开人世。我感觉心脏像是被谁用小锤子撞击了一下。虽然和这个亲戚不算太熟，但毕竟血浓于水，前几天知道他生病的消息时，还计划春节回家时去医院探望他，结果，春节没到，他先行离开了。

有人说，当一个人开始希望向别人描述自己的过往时，说明他已经老了。借用这个逻辑，当一个人接到越来越多认识的人离世的消息时，他的青春也必定是越走越远了。未来，正在按着固定的轨道，不急不慢，缓缓地走来。

有时候，我也会思考，人活一世，究竟什么才是最重要的？儿童及少年时，心怀梦想，求学进取，认真成长是重要的；青年时，既能锋芒毕露，也会理解谦卑，学会尊重自己和他人，这是挺重要的；步入中年，能接受现实的苟且，但内心依然怀有诗意与远方，能活出自己想要的样子，这应该是最重要的；人过半百，还能不忘初心，保持对社会和他人的信心与爱心，应该也是挺重要的。那么，步入老年，什么是最重要的？我现在尚没法回答，毕竟老年的心境距离我还比较遥远，不好去过多地猜测和妄想。

由于一个亲人的离世，让我生出了以上一些不着边际的感慨。而就在我思考那个亲戚告别世界前的所思所想时，此时、此刻，又有不少的生命正在与这个世界告别。

岁月无声，叶落也无声……

希望依然活着的我们，能让此时、此刻，活出精彩，让自己的每一时每一刻，都过成自己想要的样子。

请珍惜，此时、此刻！

2019 年 1 月 25 日

勇敢的心

生出这个念头已经许久了，想要写一篇关于“勇敢的心”的文章。这四个字耳熟能详，有同名的电影，堪称经典；而同名歌曲，唱出了汪峰发自内心深处的呐喊。

春节在即。这几天，估计有大半的国人都处在赶路的状态。任何一个参与过春运的人都有一颗勇敢的心。由于 2018 年全球经济放缓，节后还能背井离乡进城闯荡的人，也需要有一颗勇敢的心。还有一部分人坚守在工作岗位上，用自己的付出与汗水保障社会能以更稳健的姿态向上发展，他们肯定也有一颗勇敢的心。

2019 年，许多失业中年人上有七十岁的母亲，下有不满十八岁的孩子，人生突逢低谷，但他们依然会用力地生活。他们也有勇敢的心。

2019 年，许多青年立志改变世界，进入社会后却发现，以一己之力奋勇犹如蚍蜉撼大山。但他们依然能坚定、坚强、坚持地披荆斩棘，活出自己想要的模样，他们当然拥有勇敢的心。

2019 年，许多少年用心学习知识，每天都能比前一天进步一点点。他们充满好奇和怀疑地思考着这个美丽的世界。他们也都拥有勇敢的心。

未来，已来。事情总会变好的，如果还没有，那是因为还没有到时候。

2019 年 2 月 2 日

故乡感怀

少小离家老大回，乡音难改鬓毛衰。

儿童相见不相识，笑问客从何处来。

这首诗曾在脑海里回荡很多次，从没像这次这般令人感同身受。

今天，和家人自驾回老家。说是老家，也有些勉强，父母都已不在那里了，房屋也拆迁了，若说老家还有什么没变化的，也就是那山、那水、那些埋葬先祖的墓地、那尚未变味的乡音了。

说一件让人挺挠头的事情。今天，和哥哥姐姐一起去祖坟看望爷爷奶奶，带了些水果、糕点，到地方时已经快下午 5 点了。接着，大家摆果盘、上香、烧纸、磕头、祭奠，一切都挺顺利，但似乎又不那么顺利。比如准备果盘时，我会想这个环节是不是太烦琐；上香时，我会想到天干物燥，是否安全；烧纸时，更会生出强烈的不安感……不过，我最想说的是磕头和祭奠。

我们四姊弟磕头祭拜完毕，我便叫果果过来磕头。谁知，软硬兼施了半天，她死活就是不愿意就范。为了不影响气氛，我们这些大人也只好作罢。事后，我不免会想，祭祖这事儿，难道是我们做得过于呆板了？还是我们没有跟上这个全新的时代？

晚上，和二叔喝了不少白酒，是价格很感人的乡村自酿玉米酒。我好像喝了不足小半斤的样子。聊天中获知，我们村的变化可真大，公路通了，许多隔壁村的人也搬到我们这个村，赶集的地方也变了位置，经济作物从烤烟改为种植三七，扶贫政策也很给力。于是，这杯玉米酒喝得越发香了。

故乡还有许多值得纪念的东西，希望下次再来，能有一些不一样的感触。

2019 年 2 月 6 日大年初二

瑞雪与丰年

今天凌晨两点回到北京的居所，最大的感触——暖和。经过十二个小时的高铁，一小时北京西站门口的拉客面包车，我们一家三口再次回到北京的家。

果果在面包车上睡熟了。下车时，行李太多，果妈抱着她，我使出全身气力，把所有行李拎回家。行李陪我们一起跨越了大半个中国，行程超过 2500 公里，从昆明的艳阳天来到北京的寒夜里。

早上起床后看到一则信息：今日北京有雪，最高气温零下三度。上午，我把家收拾了一番，看了会儿书。时间似乎是被谁给偷走了，很快就到了中午。我还在看书，突然听媳妇说："哇！下雪啦！"往窗外一看，果然，漫天的雪花纷纷扬扬从天上飘落下来。我也来到窗口，细看这漫天大雪，因为刚开始下，地面上还未形成积雪。

隔着玻璃窗，我好想伸出手去，揽一捧飞雪。抬头望天，太阳似乎也收敛了平时的傲娇，在亿万的雪花背后微微透出些光亮，一点都不刺眼，甚至还需要睁大眼睛，才能在满世界的雪花中找到它的身影。雪花有些像分批次出发，几分钟的大雪过后，又是片刻的小雪，然后，又是密密麻麻的雪片应接不暇地从天上倾泻下来。

约莫一小时后，地面渐渐裹上了银装。人行道上、车顶上、花园里、不远处学校的操场上，全都铺满了白白的雪。恍惚间，整个世界似乎都变白了，变净了，变素了。

雪花还在空中肆意地飞舞，时而疯狂，时而柔软，偶尔，还会停歇片刻。如果这雪能下一整天就好了，媳妇和我都是南方人，2016 年到北京后，也就看到屈指可数的几次雪景，像今天这样纷纷扬扬的漫天雪舞还是第一次见。待果果午睡醒来，我们一定要加入那些玩雪的孩子大人们中去，用身体、用手、用心去感知这个美丽的雪世界。

己亥年无春，但这场雪来得那么巧，那么妙，那么呱呱叫。好雨知时节，当春乃发生。我想说，好雪知我心，此刻正光临。瑞雪、丰年，2019年，必将好事连连！

2019年2月14日

这世界是什么样儿的

（这是一篇写给 15 岁以下小朋友们的文字，所以，15 岁以上的你，看看就好。）

小朋友们，今天给大家讲的内容是，世界是什么样儿的？其实，这个问题，我也问过我的妈妈，我的妈妈也问过她的妈妈。现在，给大家说一下我自己的理解，不一定对，你们听听看！

首先，这个世界是什么颜色的？

有人会说，这世界是红色的，因为火焰是红色、灯笼是红色、鞭炮是红色、血是红色。这世界充满了热情。

有人会说，这世界是蓝色的，因为天空是蓝色、大海是蓝色、精灵是蓝色，宇宙也是蓝色的，蓝色是永恒的颜色。

有人会说，这世界是黄色的，因为落叶是黄色的、秋天是黄色的、成熟是黄色的，黄金也是黄色的，黄色代表了收获。

有人会说，这世界是绿色的，因为树叶是绿色的、小草是绿色的、菠菜是绿色的，绿灯也是绿色的，绿色是生命的颜色。

有人会说，这世界是白色的，因为雪是白色的、云朵是白色的、牙齿是白色的，纸巾也是白色的，白色代表了纯洁。

有人会说，这世界是黑色的，因为夜晚是黑色的、头发是黑色的、眼睛是黑色的，文字也是黑色的，黑色里能看到光明。

可能有的小朋友会说，都不对，这个世界是彩色的，就像天上的彩虹一样，红、蓝、黄、绿、白与黑都有，还有紫色、粉色、橙色、棕色，等等。这世界绚丽缤纷，五光十色！

我想告诉大家的是我的理解，这世界是没有颜色的，你看到的、听到的、感觉到的是什么颜色，世界就是什么颜色。

再说第二个问题，这世界是什么味道呢？

酸的？甜的？苦的？辣的？

其实，酸甜苦辣都有，还有咸的味道、涩的味道、香的味道，等等。你的嘴、你的味觉品尝到什么味道，这世界就是什么味道。

第三个问题，这个世界是什么形状的呢？

方形？圆形？弯的？直的？大的？小的？

这个问题我一会儿回答。

第四个问题，也是最后一个问题，这世界上什么是真实？什么是善良？什么是美好？真的有虚假、恶毒、丑陋存在吗？

我想说，这世界的颜色，需要我们用眼睛去看、去感受。

这世界的味道，需要我们用嘴、用舌头去感知。

这世界的形状，需要我们用手、用思想去认识。

而有关真实、善良、美好，有关虚假、恶毒、丑陋，它们存在于我们世界里的各个角落，但它们都是睡着了的，你的内心唤醒哪个，那么你的世界就有哪个。

我希望你们能好奇、学习、思考，可以用心唤醒真实、善良、美好，不要与虚假、恶毒、丑陋交朋友。

学会爱自己，并爱自己所爱的一切。

这世界，就会成为你所想要的样子。

当有一天，你能：

在乌鸦的叫声中听到欢乐和阳光，

在失败和挫折中学到教训和坚强，

在不如意的生活中找到内心的平静和安宁，

那么，你的世界就会充满色彩、充满希望、充满生机与活力。

希望你们永远怀有改变世界的伟大，但也渺小的愿望，因为你的世界，因为你的存在而存在！

2019 年 2 月 27 日

英语的本末

也来说说对英语有用无用的理解。

英语是一门语言，就像我的老家云南，许多少数民族都拥有自己的语言。汉语是我们的母语，自不必说。小学开始，ABC 开始融入我们的日常，甚至成为人们必须习得的一项技能。既然如此，英语是有用还是无用，似已没有讨论的必要，正所谓“技多不压身”。真正值得讨论的是当前的英语教学，以及对英语的重视是否跑偏。

英语固然和体育、美术、音乐等都可被归为技能一类，但又极为不同，无论中考、高考、研考、博考，甚至评定职称等，它都是必考项目，且分值很重。一如网上有汉语言文学博士所言，即便专业课成绩再优秀，英语不行，也是白搭。如果从学术研究的角度论，大多数领域都需要有过硬的英语能力，但也不能因为有人英语成绩不行，就认定他就没有读研读博的能力。放眼世界，很多发达国家是不会把外语作为升学的必考项的。

英语不属于知识。试想，你会因为乔丹读不懂“床前明月光”，而否定他为篮球事业做出的卓越贡献吗？作为一种技能，在听说读写均达标后，完全可以让学生自由选择是否继续研习英语。个人认为，从大学阶段起，除外语专业，英语便可作为选修课，让有此爱好或语言天赋者继续深造。

什么是本？什么是末？对英语而言，技能是本，学术是末。希望有一天，英语不再成为阻碍一部分人向上攀升的障碍。

2019 年 3 月 19 日

说三道四

曾有这样一个私塾，叫作“中庸学堂”。私塾先生是个落第秀才，熟读四书五经，教课还是比较认真的，当然，主要教的是儒家之学。

一天，私塾考试，先生发给每人一张白纸，让学生自拟一篇名为“为证之思”（“为证”为《论语》中的一章，主题为治国理政及治学的基本原则）的文章，然后就自行外出办事去了。众学生开始抬笔作答。李三最先做完，而王四则满脑子跑马车，心不在焉。他对“为证”没什么研究，但也不甘愿交出一篇水平不高的文章。王四平时表现尚可，便一直思考如何下笔。

两个时辰后，众人都已交卷，整个私塾就剩王四一人。

第二天，私塾先生给大家讲解为证之道，并把试卷发下去，唯独没有李三和王四的。

下课后，先生把李三和王四留下。

先生说：“你们两个说说，昨天的考试是谁抄谁的？”

王四率先说：“是他抄我的！”

李三一脸茫然，道：“我没抄！我没抄！是王四抄我的！”私塾名叫“中庸学堂”，先生自然有一套中庸之法。他不再听两人的争辩，摆手道：“罢了罢了，你们两个各自回家再写一篇‘为证之思’交给我，这件事就不张扬了。无论是谁，都不要再有下次了。”

李三回到家，心中越想越气：明明是我第一个交卷，只要再问问其他学生，就知道是王四抄了我的，先生是不是故意装糊涂啊！

他还真想对了，这私塾能正常营业，可多亏了王四他爹王老爷的支持，就连先生的每月薪资也都是王家出的，所以，先生是不可能找王四麻烦的。

如果李三是个聪明人，重新再写一篇与之前内容不同的文章息事宁人，也就算了。奈何李三想不通，第二天交给先生的文章与之前的内容别无二致。王四可就聪明多了，索性写了一篇水平不高，但明显与之前试卷内容不一样的“为证之思”。

当李三和王四把试卷交给先生后，先生只看了十分钟，就明白究竟是谁抄了谁的了。他摸了摸胡须，深吸一口气，说道：“经我鉴定，作弊者为李三。你两次写的都是同样的内容，可见，你是再写不出其他内容；而王四则写出了新的‘为证之思’。李三，罚你抄写‘为证’二十遍，明天上课交给我。”

李三大呼不平，但先生不容多说，接着讲课。

李三哪里知道这背后的玄机呢！

后来，有人将此整理成一个小故事，取名“不三不四”。

无论说三道四，还是不三不四，事情都会过去。只是李三可能想不到，即使再过五百年，依然还会有不三不四的事情发生，而我们也只能说三道四。

2019 年 3 月 17 日

写给爱人同志

你是那原野的风，吹开了我褶皱的心房。
你是那柔情的水，让荒芜无处躲藏。
你是那暖暖的朝阳，给了我生的力量。
你是那缓缓的湾，让我的心有处安放。

总会有电闪雷鸣，湾一直都在。
总会有痛和悲伤，阳光洒满四方。
总会有苦与失望，水让世界长满希望。
总会有愤懑和迷茫，风吹来了心花怒放。

我给不了你诗意和远方，
也不会浪漫并且奔放。
还总是斗嘴让你心伤。
偶尔还做着不符实际疯狂的梦。

但靠谱的你，恰巧被不靠谱的我给遇上，
于是就有了属于我们的乐章。

我要我们在一起，永远不分离。
谢谢你，我的爱人。

祝你生日快乐!

一二三四五六七，七六五四三二一。

我不知道灵魂是否不会消亡，

也不知生命是否还有他乡。

无论这世界变成什么样，

请相信，你就是我的全世界。

让我们荡起双桨，继续属于你我的，爱的乐章。

致我的爱人同志。

2019 年 3 月 27 日

清明

无数的梨花在山野里唱响了春的乐曲，
路旁的玫瑰也冒出了鲜红的叶芽，
识趣的燕子又回到了屋檐下安筑新家，
知心的春雨也在清明前温柔的落下。
每当春天来临，总会叹息不能出现秋天的童话，
逝去的您，无法像春天一般再与我叨叨夜话。
说不清是哀愁抑或是自我的安慰，
也或者还有不满及淡淡的失望以及抱怨。
你怀念也好，最好你忘记，
另一个世界的您，也许根本听不到我的牵挂以及叨叨碎语。
我们的祭奠，也只是自己给自己的心灵的慰藉，
逝去的终已逝去。
无论我们再说一牛车的好话，
或者我们声声慢的念诵海角与天涯，
逝去的终将逝去。
我们已逝的亲人，也没法再与我们一起吃饭或是吵架。
如果说生命可以重来一次，
我相信你我都会更珍惜亲人与我们的每一场争执以及唠叨。
如果说生命可以重来一次，
我更愿意不接老板电话而先听您的来电。

可惜，生命中没有如果，我们都只活一次。

逝去的终是逝去。

今天清明，这世界开满了鲜花，

无论您能听到也好，听不到也罢。

这世界就在此刻，有一个人愿意与您一起，

呆呆的，看这漫山的充满春色的、妖艳的花。

我想您了。

此致！

2019 年清明

写给时间的诗

春

我也不说希望，

并且也不愿意赞颂那鸟语和花香，

还丢掉那一股脑的期盼，

你依然悄悄默默地撞击了我的心房。

世间艳丽的花，是你的武器，

还有叶芽和小草在旁加油鼓掌，

万物都臣服于你，

我也一样。

我愿意长眠在你的怀里，不辜负这鸟语和花香。

夏

我恨你撵走了我可爱的叫春天的姑娘，

也不满你让太阳那么嚣张，

还总招呼来风和雨让我紧张，

……

不过稻谷越来越壮，

万树也让绿色占领四方，

你根本不在乎我，
因为太阳和月亮都逃离不了你的股掌，
你让世界知道什么叫作力量。
我可不傻，
我愿意陪你锻炼身体，在成长中积蓄能量。

秋

落叶告诉了我你已经来访，
世界用金黄渲染你居住的房，
成果和收获写满你走过的路上，
偶尔你还会让风雨给这世界增加些萧瑟与悲凉，
无论成熟的果实还是谢幕的枯叶，
都没法让你停下哪怕一秒，
就连你金黄色的房也陪着你开始飘荡，
你似只想告诉我们一句，
出发了不要问那路在何方？
我知道了，
我愿意学习并且成长，尽可能跟上你浪迹他乡。

冬

苍茫弥漫在四面八方，
你让这世界进入歇息和修养，
并且在安静地等待远方的姑娘。

鞭炮和灯笼也许让你不太舒爽，
人类让你感觉自己的统治力已经下降，
你有时发怒让皑皑白雪散落他乡，
也有时让瑟瑟寒风大杀四方，
请别生气。
我想这样，
我愿意陪你一起，召唤那位叫春天的姑娘。

2019年4月4日

故乡

故乡就是心底里的一碗愁，

历久，弥新，

伴随岁月的年头，这愁，就像窖藏的酒，越陈越香。

故乡就是脑海中的一杯喜，

似有，还无，

无论在或者不在，这喜，就像纯情的水，清悠悠。

故乡就是耳朵里妈妈叫的一声宝，

入心，无心，

我想念我的妈妈。

故乡就是手上的那些疤或茧，

时消，时聚，

在岁月的列车上，这疤和茧，就像个小宝贝，酣然睡去。

故乡，

你在那里，我在这里。

故乡，

我在这里，你在那里。

故乡，

我想我们会永远在一起，与这世界一起，悄然而去！

2019年4月21日

朱门与路口

公元755年，杜甫43岁，步入中年，时任一个看管武器的芝麻官。

这天，他从京城长安（今西安境内）赶往奉先（今陕西蒲城）看望妻儿。才到家门口，他就听到凄凄哭声，原来自己的小儿子死了。杜甫十分悲伤，写下了500字的《自京赴奉先县咏怀五百字》，其中就有一句：朱门酒肉臭，路有冻死骨。释义为达官贵人家中，经年累月有酒肉香气飘出，而距离不远则有穷苦百姓冻死街头。

1264年过去，时光荏苒，朱门内的显贵们依然可酒肉穿肠，路口还有布衣麻鞋的讨食求生者。这世界到底是变了，还是没变？

2019年3月22日晚，招商银行公布了2018年的年度财务报告。零售客户总数1.25亿户，增长18%。其中私人银行客户（日均资产过千万的超级客户），一共有7.2万户，总资产超过2万亿。0.5‰的人占据了30%财富。金葵花客户，即日均50万元资产以上的高端客户一共236万户，总资产超过5.5万亿。也就是说，1.9%的人占据了81%的财富。这里的资产，涵盖了活期存款、理财产品净值、证券类资产净值。我们通常会说有一个“二八原则”，即是绝大部分领域，20%的客户占有80%的市场或财富。从招商银行的客户数据看，不到2%的人占据了超过81%的财富，剩下98%的人去分剩下19%的财富。

当然，贫富差距扩大并非中国独有之现象。国务院新闻办公室14日发表的《2018年美国的人权记录》指出，美国人口普查的数据显示，2017年，美国约有4200万贫困人口，约占总人口的13.4%。超过500万全年从事全职工作的美国人年收入低于贫困线。人权记录援引联合国极端贫困与人权问题特别报告员菲利普奥尔斯顿 2018 年 5 月发布的报告指出，美国已经沦为贫富分化最严重的西方国家。2016 年，1% 的最富有人群拥有全国 38.6% 的财富，而普通民众的财富总量和收入水平在过去 25 年间总体呈下降趋势；四分之一的全职工作者和四分之三的兼职工作者没有带薪病假，44% 的成年人无力支付或需要变卖财产和借债才能支付急救医疗费用。

贫富差距这一问题上，中美两国别无二致。

其实，从经济学角度分析，便很容易理解贫富差距拉大的原因。经济日益发达的同时，为保证社会的相对公平，富裕人群积累的资产和资金是可以通过金融市场和投资获得收益的，而且一个国家的金融业越发达，资金的利润贡献能力就越强，那么，富人更加富裕就会成为一个不可逆的现象。这是社会现实问题，并非某个国家、某个地区所专有。

那么，如何解决贫富差距扩大的问题呢？

主要还是依靠政府。这也是目前大多数国家所采取的方式，是由政府营造普惠制的社会保障体系，包括医保、义务教育等福利体系。这种普惠性的福利能相对保证最贫困群体具备基本的生存条件和能力。政府还会通过扶贫政策缓解贫困问题。我国现阶段采用和执行的就是全方位扶贫举措。

当然，还有一种比较隐性，但十分有效的手段，即通过政府营造区别对待的福利举措，让低收入人群和贫困群体具备阶层跨越的自然环境。放眼全球，中国在这方面无疑是做得比较好的，尤其是我们的教育体系，每年都能看到有贫困大学生通过高考进入北大、清华等名校。一旦进入名校，接受良好的教育，得到更为广大的平台，这些学生便具备了实现阶层跨越的可能性。

朱门也好，路口也罢，解决贫富差距是一个世界性难题，不是杜甫先生的五百个字，或是我在这里苦心码出千字就能得以解决的。解决贫富差距，路漫漫其修远兮，吾将上下而求索！

2019 年 3 月 29 日

80后与80后

第一个“80后”念“八零后”，代表的是20世纪80年代出生的、现已步入中年的人群；第二个“80后”念“八十后”，代表年龄已达80岁以上的老前辈们。

1980年至1989年，最年轻的30岁，已是而立之年；最年长的39岁，已经很踏实地体会到了什么是油腻中年。

这个年龄，上有老，下有小。张爱玲说得经典：“中年以后的男人，时常会觉得孤独，因为他一睁开眼睛，周围都是要依靠他的人，却没有他可以依靠的人。”其实，不光男人如此，女人亦然……

前段时间，微信群里有两篇文章着实比较火。一篇叫《男到中年不如狗》，一篇叫《女到中年不如鸡》，把中年说得挺悲惨的。我则有些不以为然。今天的这篇文字也没有半点想要道苦的意思，这也是为啥用《80后与80后》为标题的原因了。

借用几个国家统计局的数字：2015年，中国人的平均预期寿命为76.34岁。按此计算，最早的80后，已经进入人生的下半程。80岁以上的老年人都已超越同龄人，至少在生命长度这一范畴里。

“八零后”有多少人呢？按照2010年的人口统计报告，大约为2.28亿人。而“八十后”有多少人？据2016年另一个统计报告，约为0.31亿人。如果生命长度与经济发展水平成正比的话，那么，只需要认真分析每一年80岁以上的人口变化量，就可以知道这个国家在人口质量方面的发展现状。

2010年至今，已经9年了。2.28亿的“八零后”的年龄平均增加了9

岁，数量必然会因死亡或移民的原因减少。从年龄角度看，“八十后”大多已有“八零后”的孙辈。如果“八零后”的孙子们能和“八十后”的爷爷们谈谈心，想来，也算是一件很惬意的事情。

这一篇文字有点像绕口令，回到写时的初心。对于“八零后”而言，与工作上遇到的苟且、生活中碰到的酸楚相比，子女的绕膝学舌、父母期盼的眼神、祖父辈的唠叨又有什么大不了呢？对比“八十后”，“八零后”还有大把的时间。有得意者，已为领导岗；有失意者，可能还需听命于一些90后的指指点点。但无论得意失意，“八零后”终究而立已久，步入成熟之龄了。

再看我们的祖父辈都经历了些什么？时代的动荡、改革的阵痛、发展的荣耀，他们亲眼见证了历史的铸就，从旧岁月走进了新时代。

其实，无论处于哪个年龄段，都会有各自的烦恼和苦楚。“人生不如意之事，十之八九”，关键看你用什么样的心情看待它。

我们不妨回忆一下那些快乐的过往吧！还记得恰同学少年时，大伙儿滚铁环、打陀螺、斗豆腐块、下军棋、滑轮车……还记得《上海滩》《西游记》《射雕英雄传》《圣斗士》《灌篮高手》……还记得小虎队、四大天王、双周一成、张国荣、黄家驹……

过去的终将过去，未来的正在赶来！

不过，我希望未来还是慢慢地来，毕竟生命这趟旅程属于单行道，珍惜此刻。

80后的我，与80后的你，共勉！

2019年3月30日

贰　光阴的故事

传奇谢幕：致敬褚时健先生

下午 3 点半，刚完成一个比较重要的商务洽谈，出门的那刻心情愉悦，打开手机，一条新闻映入眼帘："烟王、橙王褚时健在云南玉溪去世，享年 91 岁。"心脏突然像被撞击了一下，有很强烈的心痛感。

我不认识褚时健先生，或应这样说，我认识他，但他不认识我。若说我们的共同点，至少有两个：其一，都是云南人，属于老乡；其二，性别一致，都是男性。

前几年，我特别喜欢看人物传记，杰克·韦尔奇、乔布斯、伊萨多夏普、施正荣、王健林等人的都有涉猎，当然，也包括云南老乡褚时健。记得当时看完《褚时健传》，我还专门写了一篇读后感。人似乎很容易健忘，如今，我已很难回忆起看完书时的那种触动和震撼。

有关褚时健其人，不必赘言，令我感触最深的是他的"神奇体质"——做什么成什么。做糖厂厂长，能把经年亏损的企业救活，且做得风生水起；51 岁接手玉溪卷烟厂，成就了一代烟王的传奇；74 岁高龄借钱承包了哀牢山上上千亩土地种橙子；80 岁，褚橙上市，并在耄耋之龄成为"橙王"；90 岁，他将企业交给儿子打理；91 岁，他为自己传奇的一生画上了完满的句号。

褚时健，一个农民的儿子，一个并未读过多少书的匠人，一个做事喜欢钻牛角尖的执拗之人，一个做一行爱一行且能做成一等一的商人，一个永远保有好奇和好学之心的老人，一个能在人生跌落谷底时依然保有奋斗激情的强人，一个具有远见卓识的企业家精神的大写的人。在 91 个春秋后，他为自己精彩且波折的一生做了完满的谢幕。

记得某记者采访褚时健时问，如果让您给自己撰写墓志铭，您会写什么呢？褚时健当时的回答似乎是：“褚时健，属牛。”不知他的墓碑上会否真的写上这几个字，但梳理褚先生的一生，“属牛”二字确实可以准确概括其一生的跌宕起伏、喜怒哀乐、悲欢离合。

牛，十二生肖之一。国人向来对牛有着特殊且亲切的感情，因为牛是农民种地时的好帮手，吃苦耐劳、容易养活，不挑食、不偷懒、不奸诈。对牛的溢美之词也不少，孺子牛、老黄牛等，当然，也不乏牛鼻子、牛脾气等形容个性执拗的词语。当代创业管理中，“狼文化”已被说到味如嚼蜡的地步，我倒认为孺子牛的匠心精神更为实用。

褚时健，愿这个一生耕耘的老黄牛，在天国能一路走好。

致敬褚时健先生！

2019 年 3 月 5 日

你好，世界

看了一篇有关朴树的文章，《朴树：终于可以坦然地，与这个世界格格不入了》，颇有感触。当时，就有一点写字的冲动，随后便找了家咖啡馆，写下了这些不知所云的文字。

喜欢的音乐人中，朴树不算最心仪的，但他的那首《平凡之路》却是每次去 KTV 的必唱曲目，包括以前也很喜欢《那些花儿》《生如夏花》等。朴树的歌，给人的第一感觉就是干净。每当心有彷徨或愁云不展时，听听《平凡之路》《生如夏花》《白桦林》，总能找到内心的平静，也能得到片刻的安详。好的音乐就应该是这样的。

有一次，朴树受邀参加一个综艺节目，主持人说，“这次很难得邀请到你。”朴树居然很坦荡地说：“最近有点缺钱，所以才来。”朴树果然还是那个朴树，是那个大学退学，不愿参加商业演出的少年。还有某年冬天，他一个人到什刹海公园，为陌生的路人唱了一首《猎户星座》。简单、干净、不做作，这样的他似乎与这个世界有些格格不入，也与我们所理解的生活常态很是不同。可能有人会说，要不是靠着音乐赚到了足够的生活费，他能这样桀骜和干净吗？

我想，这就是思维的不同了。我所理解的朴树，不是因为赚到钱而桀骜干净，而是因为桀骜干净，以及具备才华和追求，才能赚到钱，或者说得再直接一点，对朴树而言，赚钱一定不是他的主要目的。

朴树是世界送给我们的礼物，是所有心有所属、追求简单干净的世界的人的一个榜样。

写到此处，忽然想到韩寒。同朴树一样，他也是大学期间中途退学。他没有像比尔·盖茨那样成为伟大的企业家，而是成了作家，做了导演。这个世界，也因为有了他们，得以充满更多的颜色和不一样的味道。

世界可以这样，世界可以那样，关键是，你想怎样？

2019 年 2 月 25 日

纪念胡适先生

1962年2月24日，胡适先生在台北仙逝，至今57年。

他曾说过，如果没有胡适的思想，怎么会有胡适这个人呢？有说他有35个博士学位，也有说13个博士学位，我不是考古学家，也不愿意在一个人的学位数量上费心神，无论13，还是35，目前为止，在中国是找不到第二个人了。胡适先生的博学、多识，以及他留给后人2000万字的各类著作，足以彪炳其在中国历史及文坛上的地位。

其实在去年以前，我对胡适先生是不怎么熟悉的。去年有次在书店，也说不清什么原因，随手买了《胡适论世相》《胡适谈名著》两本书来看。在《胡适论世相》中，我看到了一个文化人，一个知识分子对国家、对民族、对人民的关注与呐喊。

若论民国时期写散文的功底，胡适应排不到前五，彼时的大师实在太多，沈从文、郁达夫、周作人、朱自清、林语堂……随便一个都是把玩文字的高手。但若说关注社会问题，诊断国民文化的病理，则胡适在某些方面是比鲁迅先生还用心的。可以这样形容，鲁迅是用一个个故事和社会现实，披露当时社会的缺陷和昏暗，提出问题，但方式比较偏激，而且并没有提出解决问题的方法。胡适则希望提出解决方案，包括向西方学习，包括改变中国几千年传统文化中的陋习，如裹小脚、做八股、吸鸦片等。他深知战争对百姓的负面影响，所以，他是渐进的、温柔的，也是矛盾的。

在《我们走那条路》中，他提出，贫穷、疾病、愚昧、贪腐、扰乱是能形成共识的社会的敌人，是我们坚决不需要的，如果说走哪条路（可能民国时

"那"和"哪"通用）我们暂时没有答案，但至少我们走的路，应该是不要贫穷、疾病、愚昧、贪腐、扰乱的路。此文放到现在阅读，依然十分适用。

他的世界，是自由的世界、自信的世界，是忧国忧民的世界。他怀有对国家极大的爱与热情，希望用一己之力，让这个社会变得更富裕、更健康、更文明、更公正、更稳定。

当然，如果从现实角度说，他想要的太多了，而且也太难了。但有一点是必须客观承认的，他，是一个好人，一个很有文化的好人！

纪念胡适先生。

2019 年 2 月 25 日

叶落无声

知悉当代散文大家林清玄离世的消息，忽然很有些酸涩的感觉。其实，我对林清玄并不熟悉，很少看他的散文，偶尔在飞机上的杂志里翻到，抑或在一些文摘中，断续看过几篇他的文章。印象比较深刻的一篇，篇名非常动人，《温一壶月光下酒》。林先生的散文有点沈从文的味道，文字软软的，也带着一丝丝的诗意。你可以静下心来，慢慢地去品尝那些带着灵性组合在一起的文字。

65 岁，一个散文大师的生命，戛然而止。

看完讣闻，很想关掉手机，让思想停下来，望一眼不相干的遥远天空，试探地问道："我们，可以慢一点吗？"

门前老树长新芽，院里枯木又开花……时光都去哪了？

其实，生活从来与别人无关，自己的一个个小小的选择会影响和决定我们今后的人生。是不是越来越多的我们找不到曾经的自己？曾经年少轻狂的我们，却怎么也回不去了。如果再过十年二十年，是否也会面临如林清玄般的不辞而别？是否会后悔曾经匆忙而庸碌的曾经？

无法说清，也没有必要说请。

为了纪念林清玄先生，放一段他的文字在这里吧！

我的写作，不只是在告诉人关于这人间的美丽，

而是在唤起一些沉睡着的美丽的心。

如果你要享受清欢，

唯一的方法是守住自己小小的天地，

洗涤自己的心灵，放下执念，不浮不躁，不慌不忙，

以清净心看世界，以欢喜心过生活，

以平常心生情味，以柔软心除挂碍，

淡定从容地过好每一天。

——摘录自林清玄《人生最美是清欢》

2019 年 1 月 24 日

纪念金庸

轻轻地，你走了，正如你轻轻地来。

你天马行空的文采，影响了亿万少年的情怀。

轻轻地，你走了，正如你轻轻地来。

你挥一挥手，不带走一句缅怀。

……

第一次接触武侠小说，是小学六年级时，当时家里有一本《飞狐外传》。从那本书开始，我迷上了可以大块吃肉大碗喝酒、路见不平一声吼的江湖岁月，对金庸的武侠世界充满了阅读的热望。高中结束时，我已看了“飞雪连天射白鹿，笑书神侠倚碧鸳”中全部十四本，仅剩未列入的一本《越女剑》未看，总觉得若连这本都看完，心中就没有了惦念，势必空落落的。

每当有人问我，金大侠的哪本书对我影响最大时，答案始终如一，就是《笑傲江湖》。理由也不复杂，因为书中的主人公令狐冲才一登场，我心里就觉得：这就是我想活成的样子——有慈爱的师母、初恋的小师妹、相知相守的婆婆、一帮志气相投的师兄弟，后被伪君子师父欺骗利用，又被大多数江湖正道人士声讨，结识了可以开怀吃酒的各类所谓的魔教中人……这人生固然可叹，却也异彩纷呈。但令狐冲的内心一直没有变过，路见不平，拔剑相助，交友不问缘由，只看其为人处世之风格，对大人物也不会有任何讨好或畏忌……

以上种种，正是我一直想要的！

鄙人才疏学浅，但依旧尝试用一句话解读金大侠十四本小说的主题：

《书剑恩仇录》：香香公主不明白，自己的意中人为何不来！

《飞狐外传》：华拳四十八，艺成行天涯。

《雪山飞狐》：这一刀终究还是没有劈下去……

《射雕英雄传》：侠之大者，为国为民。

《神雕侠侣》：人生不如意之事，十之八九。

《倚天屠龙记》：魔教，还是明教，你说了算！

《天龙八部》：萧峰从来不去埋怨为何自己从乔峰变成了萧峰。

《连城诀》：江湖也有让人讨厌的时候。

《白马啸西风》：天铃鸟期望，狼能听明白她的悦耳歌声。

《笑傲江湖》：沧海一声笑，滔滔两岸潮。随他吧！

《碧血剑》：空负安邦志 遂吟去国行。

《侠客行》：事了拂衣去，深藏功与名。

《鸳鸯刀》：仁者无敌，刀刀相惜。

《鹿鼎记》：天下，究竟是谁的天下？

最后，用金庸老先生的武功秘籍中的一句结束此文。

他强任他强，清风拂山岗。他横由他横，明月照大江。

查良镛先生，一路走好！

2018 年 10 月 31 日

红桃

提起红桃，多数人想到的可能是鲜甜爽口的水果。印象中，每到七八月份，桃子就上市了。有汁水鲜红的血桃、脆嫩可口的洋人桃、略带酸爽的小毛桃，当然，最多的当属表皮多毛，却甜至透骨的水蜜桃。因而，一提及红色的桃子，总让人有垂涎欲滴之感。然而，天下没有不散的筵席。桃子固然好，也是有节令的，过了八月，差不多就下市了。九月是石榴、柿子、秋橘等水果的天下。

除了鲜桃，还有人可能会联想到扑克牌里的红桃。好像在一种扑克游戏里，黑桃是花色里的老大，红桃屈居次席。

而今天，我想写的红桃，既不是水果，亦非扑克，是我的小学兼高中同学——小红桃。

在农村，长辈多会根据孩子的长相和脾性为其取小名。想来，红桃小时候势必长得可爱至极，父母才给他取了“小红桃”这个名字。准确地说，我是在小学运动会上认识小红桃的。彼时，我们乡中心校十分热闹，小学一年级就已经有两个班了，我在一班，红桃应该在二班，虽然同级，但不同班。

红桃人如其名，身材高挑，眉宇俊朗，阳光健康，更突出的是，他的篮球打得好，小学时就已是校篮球队的主力得分手。到了高年级，他已是名声在外，被县中学调走，去县一中念书了。

从高一开始，我和红桃的接触多了起来。第一天上课，我就看到了这个同村的同班同学，自然多了一份亲切。当时，红桃长得更高，也更壮了，依然是学校篮球队的选手，但已不能算绝对主力了。我和他一样，在乡里的小学算得上学习尖子，但到了县一中，仅能算作中上吧！

红桃高中时的成绩中等，但人很仗义，会替我们打抱不平，所以人缘很好，又因为长得帅，暗恋他的女生估计也不计其数了。后来，他高考发挥失常，没能考上大学。大学期间，我有次寒假回家，正好赶上他也从广东打工回去。我们在同村一位长者的白事宴上遇到了，虽然分别不到两年，但彼此稍微有了些隔膜。后来我们开始喝酒，我酒量不高，但酒品不怂。第二天，我才听父亲说，我喝高了，是红桃送我回的家。再后来，他继续去广州打工，而我继续求学。

高考似乎成了我和他的人生分水岭，彼此渐行渐远。前几年春节回村，也曾在路上遇到过他，人依然很帅，但眉眼里多了不少岁月的沧桑，而我们也没法再像高中时那样，肆无忌惮地互开玩笑、互相帮扶，一起大冷天去文笔塔上看流星雨了。

此后人生似水流年。听说红桃没再去广东打工，回村承包了不少土地，做起了三七种植的营生，生活似乎过得还挺好的。祝福仗义的红桃、帅气的红桃，生活如芝麻开花节节高。

2018 年 10 月 25 日

恭喜“魔笛”

2018年9月25日，国际足联宣布，克罗地亚球员莫德里奇荣膺“世界足球先生”称号。但凡看过2018年俄罗斯世界杯的人，应该对这个结果不感意外，确实是实至名归。而统治世界足坛十年的“双子星”C罗和梅西，这一次的落选也是意料之中。可以说，2018年“世界足球先生”的归属是悬念最少的一届。三位入选球员分别为葡萄牙前锋C罗、埃及前锋萨拉赫及克罗地亚中场莫德里奇，最终，莫德里奇通过本届世界杯的精彩表现，也包括在俱乐部的出色发挥当选“世界足球先生”。

其实世界杯结束后，我有一段时间没看足球了。从昆明到北京后，忙于工作和生活，居然连耐心地看场球赛的时间都安排不出来。印象中，如果不算世界杯和中国队参加的比赛，俱乐部比赛每年所看场次不超过15次，还包括几次恒大或上港参加的亚冠比赛。可以说，我这个球迷彻底变成了伪球迷。即便如此，我从来没有放弃对足球的关注。今年，几乎看了30场世界杯的比赛，特别是克罗地亚队的7场比赛都有看。包括小组赛2∶0胜尼日利亚，3∶0胜阿根廷、2∶1胜冰岛，八分之一点球淘汰丹麦，四分之一点球淘汰俄罗斯，半决赛时通过加时2∶1淘汰英格兰，决赛时被拥有众多天才球员的法国4∶2击败。7场比赛中，有3场踢了120分钟。而作为克罗地亚的队长，33岁的队长莫德里奇作为中场核心，在7场比赛中共计奔跑了72.3公里，送出多个威胁球，起到了凝聚全队的作用。可以说，2018年的世界杯虽然有“妖才”姆巴佩的横空出世，有梅西和C罗先后遗憾地告别世界杯，有“点球金靴”凯恩，但都不敌莫德里奇的非凡表现。

其实，论足球天赋或踢球的技艺，莫德里奇并非最强之人，梅罗自不必说，内马尔、姆巴佩的踢球技巧也在莫德里奇之上。若非要类比的话，我觉得“魔笛”可与哈维、皮尔洛比肩，都属于典型的后腰球员。在克罗地亚阵营中，前有曼朱基奇、佩里西奇、雷比奇、拉基蒂奇，他们都很出色，但若放眼世界足坛，克罗地亚球员的整体实力应排不到前五，除法国外，巴西、德国、比利时、阿根廷等队的整体实力都高于克罗地亚。克罗地亚之所以能进入决赛，我想看过世界杯的人应该都会形成一个统一的认识：这是一支踢得最有整体感的球队，最有斗志的一支球队，也是最善于奔跑的一支球队。这在他们的队长身上体现得尤为明显。

对于这次莫德里奇获誉“世界足球先生”，很多媒体都以“传统足球回归”来描述。传统足球中，中场组织者至关重要，包括普拉蒂尼、鲁伊科斯塔、里克尔梅、齐达内、皮尔洛等人都属于传统的中场组织者球员。但由于梅西和C罗的双星闪耀，在过去的十年时间里，球队中场的星光被进球能力超强的前锋给遮掩了。

总之，莫德里奇是一名出色的中场大师，获得2018年的“世界足球先生”，实至名归。

恭喜“魔笛”！

2018年9月25日

写给单田芳老师

今天看到一条信息，著名评书表演艺术家单田芳老师因病去世，享年 84 岁。我并未面见过单老师，但通过电视、广播等媒体领略过单老师的风采和技艺，《隋唐英雄传》《连环套》《白眉大侠》等都是可以传世的作品。

曾有很长一段时间，我比较关注评书，单田芳、田连元、袁阔成等经典评书表演艺术家的精彩表演让人印象深刻。其中，单老师沙哑浑厚的声音别具一格，每次表演，他会用声音将每个情节展现得惟妙惟肖。听到单老师的评书，脑海里都会浮现一幅独一无二的画面，如一场别开生面的独角戏。甚至最近，我还在收听《连环套》。每次驾车途中只要听到这段书，我都会将频道锁定。

如今，伴随网络的便捷，经典再现也变得易如反掌，相声《虎口脱险》、电影《肖申克的救赎》，也包括著名的评书《白眉大侠》等，随便找个播放平台，就可能无限轮播，这是当代观众、听众的福气。还记得小时候每次放学回家，都会守到电视机前，等着评书专场开播，不知不觉间 30 分钟就过去，意犹未尽时，就听单田芳老师用沙哑而带有磁性的声音道："欲知后事如何，且听下回分解。"然后又是充满期待的一天。不知从何时起，已很难见到评书的踪影，多起来的是"超级女声""好声音""我是歌手""爸爸去哪儿"这样的热闹综艺，也不乏好的段落涌现，但总觉得不如小时候的节目精彩。也许，这就是代沟吧！现在的 90 后及 00 后已没有兴致再去耐下心来体味曲艺人的细腻表演了。在电视几乎都被网络取代的今天，还有谁会记得当年一个人就可以撑起整段历史的评书艺术呢！

愿单老师一路走好！

2018 年 9 月 11 日

C 罗，蒂尼欢迎你

世界杯很快就要结束了。

C 罗转会尤文图斯了。

两者看似毫不相干，其实还是有些勾连的。7 月 10 日晚，西甲豪门皇家马德里足球俱乐部官方宣布，C 罗正式转会尤文图斯俱乐部，转会费为 1.05 亿欧元，为期四年。而 7 月 11 日凌晨 2 点，世界杯半决赛打响，法国对阵比利时。

上大学的时候，我们开“卧谈会”，每人需要选出一支自己喜欢的足球俱乐部球队。当时，我没有考虑太多，因为齐达内、皮耶罗的关系，我选择成为尤文图斯的球迷。上铺兄弟好像说自己喜欢国米，一个南充的同学钟情 AC 米兰，还有人选了拜仁、曼联、皇马、巴萨。人是很奇特的动物，无论是否经过深思熟虑，一旦选定，一般不会轻易改变，至少我是这样。所以，从 1999 年起，我有了自己喜欢的俱乐部——尤文图斯。

起初，我不太喜欢自己中意的球队外号被叫作“老妇人”，总觉不够霸气，但随着年龄增长，越来越感到“老妇人”一词的确能体现“尤文”的沉稳、老练、优雅。

“尤文”最风光的时刻，应是 20 世纪 90 年代中期，连续三届进入欧冠决赛，但仅获得 1995—1996 赛季的冠军。当时，我还不是“尤文”球迷。1998 年世界杯的时候，我也没有成为“尤文蒂尼”（尤文图斯球迷的昵称），所以，在 1999 年前，我是没有看过“尤文”的比赛的。

如果从 1999 年后起算，2006 年应算得上是“尤文”最风光也最悲伤的一个赛季了，降入乙级。然而，同年的世界杯决赛，合计有8名场上球员来自“尤文”：布冯、卡纳瓦罗、图拉姆、赞布罗塔、维埃拉、卡莫拉内西、特雷泽盖、皮耶罗。决赛场上，居然超过三分之一的球员来自一支乙级联赛球队，想来，也算是空前绝后了。

后来的“尤文”虽屡夺联赛冠军，在欧冠赛场上却多次与登顶失之交臂。我尚记得AC米兰、巴萨、皇马都是决赛中战胜“尤文”夺冠。谈至此，大部分“蒂尼”内心必定隐隐作痛。而此次C罗的加盟，应该说让“蒂尼”看到了欧冠夺魁的机会。C罗是天生的大赛型球员，欧冠120球的纪录无人能敌，此次加入“尤文”，必然对其在欧冠的表现大有裨益。

作为尤文蒂尼，肯定要对“尤文”历史上的传奇球员如数家珍。于我而言，首先想到的必定是皮队，效力“尤文”20个赛季，进球289个，俱乐部进球最多球员。而且，皮队在“尤文”降级那一年，陪同“尤文”一起踢乙级，也感动了许多人。再有，就是内德维德了。这个捷克中场铁汉2001年从拉齐奥转入“尤文”后，效力至退役。还有布冯、卡纳瓦罗、孔蒂，当然，少不了皮尔洛，这个意大利中场大师，成名于AC米兰，在“尤文”效力了4个赛季。

尤文蒂尼是幸福的，作为意甲最成功的俱乐部，“尤文”除了能经常取得意甲冠军，还能为意大利国家队贡献大批优秀球员，后防线大多是“尤文”的主力球员。

“尤文”让人喜爱的另一个原因，是特别善于人尽其才，无论什么样的球员，只要有天赋、有能力的，几乎都能在这里找到属于自己的位置，皮尔洛如此，曼朱基奇如此，博格巴如此，莫拉塔如此，C罗当然也是如此。

尤文——斑马军团——老妇人！

我是尤文蒂尼，欢迎C罗！

2018年7月11日

叁　足球是圆的

一个中年男人的世界杯印记

2018年6月14日，俄罗斯世界杯拉开序幕。俄罗斯砍瓜切菜般干净利落地5∶0干掉沙特，尤其第四个进球，外脚背撩射破网，令人拍案叫绝，很想即刻开瓶酒，庆贺一番。

从1998年算起，看世界杯已20载。1998年，齐丹天神降临；2002年，罗尼天外飞仙；2006年，意大利老骥伏枥；2010年，西班牙笑傲江湖；2014年，德国让阿根廷饮泣不止。昨天起，这已经是我第六次看世界杯了。

时光荏苒，岁月如梭，我也从青葱少年变为中年大叔，喜爱的皮耶罗、齐达内、内德维德等球星均已退役。再看世界杯，居然有大部分球员都认不出名字，我自身的球迷含金量也日渐降低，现在也只能纳入伪球迷一类了。

说几个记忆深刻的世界杯印记吧!

1998年的世界杯，最难忘的当属英格兰和阿根廷那场比赛，贝克汉姆的红牌和欧文的灵光闪现，还有那个独特的任意球破门，阿根廷点球淘汰英格兰。至今有人搞不懂决赛时罗尼的低迷和齐丹的眩目。最终，法国在家门口首次捧起世界杯。

2002年的韩日世界杯，是首次在亚洲举办。想来，中国球迷记忆犹新的当属中国队打入世界杯。我尚记得中国队三个小组比赛的战绩：巴西4∶0中国、土耳其3∶0中国、哥斯达黎加2∶0中国。当时国家队的参赛阵容好像是守门员江津，后卫范志毅、李玮峰、孙继海、吴承瑛，中场李铁、马明宇、肇俊哲、李霄鹏，前锋郝海东、杨晨。虽然一球未进，但至少我们来了。那一届印象深刻的还有罗纳尔迪尼奥吊射希曼的那个球。最终决赛，罗纳尔多如愿捧杯。此外，还有卡恩的眼神，以及明显黑哨的两场韩国队比赛，意大利、西班牙居然都输给了韩国。那一刻，同为亚洲人的我深感耻辱。那一年，罗尼有 8 个进球，同时也以 15 个进球超越穆勒，成为新的世界杯进球纪录的缔造者。

2006 年的德国世界杯，记忆最为深刻的当属老骥伏枥的意大利。那一年，因尤文图斯的“电话门事件”，整个意大利足球界风雨飘摇。正是在这样的情况下，意大利国家队在德国越战越勇，尤其半决赛淘汰德国那一场，把“混凝土防守”演绎得淋漓尽致，而个人最爱球星皮耶罗终场前的那个进球，让防守反击战术有了教科书般的再现。当然，可能更多人记得决赛时齐达内用光头力顶马特拉齐的那个镜头。无论孰是孰非，最终，意大利第四次捧杯。

2010 年的南非世界杯，因为夺冠的是我不喜的西班牙，所以，也没留下什么比较深刻的记忆，而且个人喜爱的意大利队居然未能小组出线，也令我对本届大赛意兴阑珊。勉强称得上有些感觉的比赛可能是荷兰 V.S 西班牙的那场决赛吧！印象中，90 分钟的赛程两队均未进球，谁知讨厌的“小白”居然在加时赛快结束时射进关键一球，令荷兰队饮恨世界杯。总之，这届世界杯并不精彩。

2014 年，世界杯来到了足球氛围最为浓厚的地方——巴西。比赛开始后，无论是荷兰 5 : 1 胜西班牙，还是意大利 2 : 1 胜英格兰，都让人看得十分过瘾，尤其范佩西那个鱼跃冲顶头球破门。而最让人意外，也最让人铭记的当属德国 7 : 1 吊打巴西的那场比赛。无法登场的内马尔坐在场下，眼里全是问号在盘旋。最终，德国和阿根廷进入决赛。决赛的 90 分钟内双方 0 : 0，阿根廷错过多次机会，最终在加时赛时，替补登场的格策攻入一球，德国队第四次捧起大力神杯。

每个球迷对世界杯都会拥有专属的记忆和理解。于我而言，除了对足球运动的热爱，还有一丝不灭的期望，就是希望还能看到中国队出现在世界杯的绿茵场上。

这算是一个中年男人对中国足球的梦幻期盼吧！

2018 年 6 月 17 日

男人为什么迷恋世界杯

近期，世界杯正激情上演，32 个国家、32 支参赛球队，牵动了全世界几十亿球迷的心。

世界杯开始于 1930 年，第一届世界杯冠军好像是乌拉圭队，后两界冠军被意大利包揽，二战原因导致 1942 年、1946 年世界杯没有举办，1950 年世界杯乌拉圭再次夺冠，1954 年德国，1958 年及 1962 年属于足球皇帝贝利的时代，巴西两次捧杯，1966 年英格兰本土夺冠，1970 年巴西，1974 年德国，1978 年阿根廷，1982 年意大利，1986 年马拉多纳的阿根廷夺冠，1990 年德国，1994 年巴西，1998 年法国，2002 年巴西，2006 年意大利，2010 年西班牙，2014 年德国。合计已经举办了 20 届，本次俄罗斯世界杯是第二十一届。

世界杯传统强队如下：

第一档：五星巴西、四星德国和意大利；

第二档：阿根廷、法国、西班牙、英格兰、乌拉圭（近几年水平一般）；

第三档：荷兰、克罗地亚、葡萄牙、捷克、比利时、瑞典、俄罗斯（含苏联）、匈牙利（20 世纪 50 年代较强，今非昔比）；

第四档：能参加两届以上的世界杯，但未夺冠的国家及除中国外参加过世界杯正赛的非强队国家。

世界杯历史上的几位伟大的球员：方丹，法国人，这哥们儿一人在 1958 年的世界杯射入 13 粒进球；克罗泽，德国人，目前世界杯进球数 16 个，排名第一；贝利，巴西人，一人拿过三次世界杯冠军；罗纳尔多，世界杯进球数

15 个；马拉多纳，1986 年世界杯的王者；齐达内，拿过世界杯冠军而且还敢在世界杯决赛领红牌的球员。

以上是大部分 80 后球迷的五味记忆。当然，还有贝肯鲍尔、克鲁伊夫、普拉蒂尼、巴乔、小罗，等等。

2018 年的世界杯，由于意大利和荷兰的缺席，捷克似乎也没参加，算是近二十年参赛球队实力相对最弱的一届。

那么，本文的重点来了，男人为啥迷恋世界杯?

作为男性，作为世界杯的追随者，我整理一下自己的答案。

原因一：世界杯四年一次，看起来不会太累，看的时候可以欢天喜地，也可以骂得酣畅淋漓——过瘾!

原因二：比赛时，谁也不知道下一分钟会发生什么，每场比赛都有很强的偶然性，这和我们所面对的社会和生活完全不一样——带劲!

原因三：男女一起看球时，在足球知识的储备上，女生通常不如男生，口若悬河的同时可以找回那么一点男性的自信——得意!

原因四：世界杯很纯粹，观战时，可以忘却所有的生活压力和现实中的烦恼——舒坦!

过瘾、带劲、得意、舒服，这是我喜爱世界杯的理由。当然，还有一些爱拼之人喜欢赌球，世界杯期间，一掷千金者亦大有人在。我讨厌赌球，却喜欢大胆预测，今年的世界杯冠军，我看好克罗地亚。

2018 年 6 月 23 日

阿根廷，别为我哭泣

电视上转播着阿根廷对尼日利亚的世界杯比赛，而我身旁用手机播放着那首经典的《阿根廷，别为我哭泣》。

开局第 14 分钟，梅西用一个很个性的进球，让阿根廷球迷，包括电视机前的我在内，热血沸腾。总之，一切都是那么美好，直到下半场开场不久那个该死的点球。

第 80 分钟了，伊瓜因错过了一次机会，让我想起四年前在巴西，德国对阿根廷的决赛，也是如此。

歌曲循环往复，我边看边听，这也是我第一次认真聆听这首经典歌曲。若按现在的积分排名，克罗地亚 7 分、尼日利亚 4 分，两队将携手出线，而上届世界杯亚军，也是赛前被寄予厚望的阿根廷，将被小组赛淘汰。

为什么在中国会有众多的阿根廷球迷？我不清楚，我只知道自己喜欢他们的主要原因是，阿根廷有不少天赋异禀的著名球员，马拉多纳就不用说了，还有里克尔梅，当然，也有现在如日中天的梅西。

阿根廷进球了，比赛进行到第 86 分钟，马科斯·罗霍中路推射入网！谢天谢地，阿根廷获得了宝贵的晋级机会。现场的马拉多纳欣喜不已，我也看到许多阿根廷球迷流下了激动的眼泪。我想，足球的灵魂已深植于这只“潘帕斯雄鹰”的体内。

加上补时，距离比赛结束还有五六分钟。按目前的比分看，阿根廷应携手克罗地亚出线。现在留给尼日利亚的时间不多了，刚刚梅西也创造了一个不错的机会，可惜球速太快，没成功。现在是阿根廷的前场任意球，距比赛还有 1

分钟，镜头里出现了马斯切拉诺沾染血迹的脸。主裁吹响了比赛结束的哨声，阿根廷 2∶1 胜尼日利亚。另一场比赛，克罗地亚 2∶1 胜冰岛。这样，阿根廷积 4 分，与克罗地亚携手出线。梅西拥抱了每一个队友。这是一场让人记忆深刻的足球比赛，我想，足球的魅力就在于此吧！

比赛结束后，热血依旧沸腾。起初，我还有一丝丝绝望，担心这场比赛会成为这群年龄不小的阿根廷球员在本届世界杯的告别演出，还好马科斯·罗霍拯救了阿根廷，也拯救了数不胜数的阿根廷球迷。

谢谢梅西！谢谢马科斯·罗霍！

阿根廷，别为我哭泣——因为，出线了……

2018 年 6 月 27 日

这就是足球，这才是足球

德国，2014 年世界杯冠军，也是世界杯成绩相对稳定的传统强队。最近的四届世界杯，德国连续打入四强，收获一次冠军、一次亚军、两次季军，成绩斐然。可以说，除了贝利时代的巴西队，德国队在过去的 16 年已经创造了历史。而且，在世界杯累计进球数排行榜中，克罗泽、穆勒都是德国人。“德国战车”的超强稳定性及超级战斗力，毋庸置疑。

2018 年 6 月 27 日，第 21 届世界杯上，德国对垒韩国，0∶2 负于韩国，小组赛三战一胜两负，垫底出局，创造了往届冠军连续三届（2010 年意大利、2014 年西班牙、2018 年德国）小组赛出局的帽子戏法。

70 分钟的比赛，我看到后面实在是眼皮打架，失望至极，就洗洗睡了。结果，半夜起来看巴西与塞尔维亚的生死之战，才知道稳定的“德国战车”，居然 0∶2 负于韩国，始料未及。单从那 70 分钟的比赛状态看，德国输球也是正常的，但能输掉两个，还真是令人瞠目。

生活大多数时间是单调、重复的。若非世界杯，我们很难在短短一个月内，体会如此多的意外和激动，包括这届阿根廷的惊险出线，以及德国的小组出局，还有目前生死未知的巴西。我想，正是这种不可预测和意外，让世界杯成为很多人内心深处的巨大期待。至少，我是这样认为的。

这届世界杯，无论是已经出线的乌拉圭、俄罗斯、葡萄牙、西班牙、法国、丹麦、阿根廷、克罗地亚、墨西哥、瑞典、英格兰、比利时，还是目前正在场上踢球的巴、塞、瑞中的某两个，我尚未看到哪场比赛是名不副实的，更无什么“作局”或“假球”之说。提起“黑球”“黑哨”，2002 年世界杯上韩国淘汰西班牙和意大利那两场才真是实至名归。在这届世界杯上，我看到场上 32 支为国出战的英勇队伍对胜利的渴望，内马尔、梅西这样的奇才展示出的超人球技，万千球迷被某个进球感动得热泪盈眶，还有刚刚进球的蒂亚戈席尔瓦的进球庆祝……

这才是我所理解的足球，这也是我所热爱的足球。

本届世界杯，我看好克罗地亚决赛对阵阿根廷，并且，预祝阿根廷夺冠。

最后，还想忠告那些疯狂的赌球人士："请勿赌球！只有没有赌球的足球，才能真正成为你的心之所爱。"

这就是足球，这才是足球！距离本场结束还有 20 分钟，我要专心看球了。目前，巴西 2∶0 领先于塞尔维亚。

2018 年 6 月 28 日

球评之阿根廷 PK 法国

2018 年 6 月 30 日 22 : 00，第 21 届世界杯第一场八分之一比赛开始。对阵双方为“潘帕斯雄鹰”阿根廷和“高卢雄鸡”法国队。两个队伍都属于世界杯的传统强队，阿根廷曾在 1978 年和 1986 年两次夺冠，法国也在 1998 年捧杯。而且，上届世界杯，阿根廷夺得亚军，法国队在“八进四”时被德国淘汰。两支队伍都是大牌云集，阿根廷这边的招牌是梅西，还有迪马利亚、伊瓜因、阿奎罗；而法国有姆巴佩、博格巴、格林兹曼。

本场比赛中，法国队采用的是 451 阵型，中锋吉鲁、边锋姆巴佩和马图伊迪，影子前锋格林兹曼，双后腰博格巴和坎特，四后卫帕瓦尔、瓦拉内、乌姆蒂蒂、埃尔南德斯，门将洛里斯。阿根廷采用 433 阵型，前锋迪马利亚、梅西、帕文，中场巴内加、马斯切拉诺、恩佐佩雷斯，后卫塔利亚菲科、罗霍、奥塔门迪、梅尔卡多，门将弗朗哥阿尔玛尼。

法国队的首发是意料当中的，这个阵型应是法国队当前的最强阵容。而阿根廷的 433 阵型，把梅西放在中路，从小组赛的情况看，他更适合放在右路，可以获得更大的突破空间。况且，把伊瓜因和阿奎罗这样的前锋放在替补席，有些让人摸不着头脑。

比赛开始。上半时，法国队的亮点球员为姆巴佩。由于阿根廷攻击时全场压上，导致出现多次姆巴佩带球反击突破的机会。配合姆巴佩出色的速度和突破能力，阿根廷后防屡屡告急。第 11 分钟，姆巴佩后场断球后，长途奔袭至阿根廷禁区，罗霍追赶不及，无奈犯规。点球！毫无争议的点球！格林兹曼点球命中，法国 1 : 0 领先。

阿根廷在第 41 分钟时扳平比分，迪马利亚接球后一个经典远射，足球飞进球门远角。1∶1，阿根廷扳平比分。

很快，上半场比赛结束。

下半场开始，阿根廷换下上半场防守失位的罗霍。

第 50 分钟，梅西打门，球打在梅尔卡多身上，折射入网。阿根廷 2∶1 领先法国。

第 59 分钟，法国队前场进攻，球被后卫顶出，落到帕瓦尔脚下——世界波！一个精彩世界波！球进了，法国 2∶2 扳平比分。这个进球太漂亮了，可惜了阿根廷，今天他们的防守太成问题了。

第 64 分钟，表现出色的姆巴佩前场乱战中得球，左脚打门。球进了！法国 3∶2 超越阿根廷。

阿根廷终于换下恩佐佩雷斯，改由阿奎罗上场——阿根廷拼了！但他们攻强守弱的特点太明显。第 69 分钟，法国队反击，门将传球给坎特，坎特直塞给马图伊迪，马图伊迪传给吉鲁，吉鲁斜塞、姆巴佩，又是姆巴佩推射破网。今天的比赛属于姆巴佩。这个骁勇的 19 岁球员把阿根廷的后防线搞得漏洞百出。强!

4∶2，法国领先……

此时距离比赛结束还有 4 分钟，比分依然是 4∶2，法国队领先。其间，阿根廷也创造了一些机会，但都没有实现进球。

进入补时阶段，4 分钟。这有可能就是阿根廷队在本次世界杯的最后 4 分钟。

第 92 分钟，阿根廷前场得球，阿奎罗头球攻门破网——3∶4！阿根廷追回一球。这只雄鹰还有机会吗?

第 94 分钟，控球权在法国手里，前场刻意控制时间。

经过最后 1 分钟的努力，阿根廷完成临场结束时的最后一次射门，可惜球没有进。终场哨吹响，比赛结束。

法国 4∶3 淘汰了阿根廷。

这是一场精彩的比赛，但对于所有阿根廷球迷而言，又是一次揪心的世界杯之旅。

再见，阿根廷！

2018 年 6 月 30 日

英雄迟暮，归去来兮

2018年第21届世界杯赛程过半，64场比赛，目前已经结束50场，还剩14场就可以看到最终捧杯的王者，然后，整个足球界将进入新一轮的四年等待。

对于某些人而言，这届世界杯还没开始前，就已经结束了。比如死忠的意大利球迷，比如橙色烙印的荷兰球迷。当然，这不包含总能让心灵找到归属的中国球迷。

除2002年外，中国球迷都以旁观者身份观看世界杯，因此，我们必须找到一支球队，一支能经常参赛的球队作为自己在世界杯的精神寄托。于是，巴西、德国、西班牙、法国、英格兰、荷兰、葡萄牙等队伍迎来一批又一批东方球迷的支持与青睐。我猜想，大多数中国球迷都会心仪意大利和阿根廷。20世纪90年代起，世界级别的足球盛会逐渐走入大众视野，“小世界杯”意大利联赛为第一批中国球迷做了启蒙，由此，意大利队得到众多东方球迷的喜爱。此外，意大利队帅哥云集，也吸引了相当一部分女性球迷。而阿根廷队涌现了大量殿堂级球星：“球王”马拉多纳、“战神”巴蒂、“艺术大师”里克尔梅、“新一代天外飞仙”梅西……每个球星都能虏获众多东方拥趸。

回到2018年，回到这一届俄罗斯世界杯。目前，已有法国及乌拉圭挺进八强，而31岁的梅西、33岁的C罗，这两位当今足坛的“绝代双骄”，不到4个小时，就先后告别了世界杯。

于是，今天的头条出现很多充满悲伤调子的文章，在这些文章中，我记住了“英雄迟暮”这四个字。

若将世界足坛比作武林，那么，近十年来，当前一代的罗纳尔多和齐达内先后告别足坛后，阿根廷的梅西和葡萄牙的 C 罗犹如紫禁之巅的叶孤城和西门吹雪，睥睨天下，也惺惺相惜，两人成了唯一的对手。二人各获得五次金球奖。而他们所在的俱乐部，巴萨和皇马，也如炫目的双子星座，只能被景仰，很难被超越。由于马拉多纳被誉为“球王”，我更愿意用“球仙”和“球神”形容梅西和 C 罗这两个足坛牛人。

而英雄除了身怀绝技，还会被赋予时代使命，方能令“英雄”实至名归，滋味饱满。

2014 年的巴西世界杯决赛，很多人都记住了赛后梅西略带悲情的寂寞背影。阿根廷 0∶1 负于德国，未能问鼎大力神杯。2016 年的欧洲杯，C 罗决赛受伤，坚持近 20 分钟后下场。C 罗流泪的瞬间令人心生怜悯。所幸，加时赛时，替补上场的埃德一脚远射，让葡萄牙首次捧起欧洲杯，C 罗也实现了自己在国家队的首个大赛冠军。

2018 年 6 月 30 日，阿根廷对阵法国。这场比赛估计是此次世界杯开幕至今收视率最高的一场，90 分钟的比赛，3∶4 的比分，7 个进球，成就了姆巴佩，但也送别了梅西。4 个小时后，另一块场地上，乌拉圭对阵葡萄牙，伴随卡瓦尼的两个进球，葡萄牙 1∶2 负于乌拉圭。全世界球迷再一次与 C 罗告别。

央视的大屏幕上，很整齐的位置出现了“再见梅西”4 个字。4 个小时后，再次写出“再见 C 罗”。4 年后，C 罗 37 岁，梅西 35 岁，能否再见？也许，无法再见了。

足球是圆的，一如世界是圆的一般。整理一下几个有意思的现象：

贝利，1940 年生；马拉多纳，1960 年生；罗纳尔多，1976 年生；梅西，1987 年生。此 4 人算得上南美大陆，也是地球上最牛的足球运动员。

贝肯・鲍尔，1945 年生；普拉蒂尼，1955 年生；齐达内，1972 年生；C 罗，1985 年生。这 4 人也可算得上欧洲大陆足球界的扛鼎之士。

可见，约十二年一个轮回。这也与足球运动讲究速度、技术、耐力、智慧有关，一个人的黄金足球年龄也就在20~32岁之间。可能有部分人较早成名，但几乎没有人会在32岁后才成为足坛巨星。

在欧洲，C罗的接班人似乎已经出现了——姆巴佩；而南美大陆在梅西之后，好像尚无后继之人。正如世界杯解说员所说，当梅西看到姆巴佩的一刻，也许会想到十二年前的自己，时光荏苒，岁月如梭。足球的世界里，总是一个王朝谢幕，另一个王朝升起。这与人生，何其相似！

英雄迟暮，归去来兮！

感谢梅西！感谢C罗！谢谢！

2018年7月1日

世界杯第二淘汰日比赛纪要

2018年7月1日，八分之一决赛进入第二天。梅西和C罗已悄然作别此次世界杯。法国和乌拉圭成为最先进入八强的两支队伍。

这天有两场比赛，第一场为西班牙对阵俄罗斯。从场面上看，西班牙具有实力上的优势，当然，俄罗斯的防守反击也颇有威胁。90分钟内，两队各取得一个进球、一个乌龙、一个点球，不算太精彩。

然后，加时赛开始，这亦是本次世界杯的第一次加时赛。俄罗斯因处于防守态势，跑动距离较多，体力消耗较大，踢得有些费劲。加时前10分钟，西班牙围攻俄罗斯半场。无奈，今天的西班牙球员都没有戴瞄准镜，均未实现破门。而俄罗斯只有招架之力，没有占到丝毫主场优势。加时赛进入下半场时，已经是第119分钟，还有2分钟就将进入点球环节。天空依然飘着小雨，22名球员疲态尽显，终场哨声终于吹响。俄罗斯与西班牙战成1∶1，进入点球决胜。

点球，在世界杯上是一个经典的存在。无论赛事如何胶着或无聊，每一次点球射门，都决定着两个球队的命运。而点球的罚球者也不得不面对巨大的压力，甚至有些知名球员会主动要求避罚点球。

西班牙队先罚。第一个球员是小白伊涅斯塔，助跑射门，轻松破网。接下来是俄罗斯队10号，虽然西班牙门将德赫亚的手碰到了球，但球依然进了。西班牙队第二个罚球者为皮克，球进了。然后，俄罗斯队4号，骗过门将后，足球破网。西班牙队8号科克第三个出场，踢向门将右下角，球被扑出；接下来，俄罗斯队14号球员罚球入网。西班牙队的拉莫斯罚球入网，西班牙还留有机会。俄罗斯队 6 号球员上场，球踢中路，四罚四中。第五个西班牙球员阿斯帕斯的罚球被俄罗斯门将阿金费耶夫用脚挡出。最终，点球 3∶4，俄罗斯队取得胜利。全体俄罗斯队球员冲入场内，欢呼雀跃。

这场比赛的最佳球员无疑是俄罗斯的门将。他有如天神附体，接连挡出西班牙至少三次破门的机会，又扑出两个点球，技艺了得。西班牙被淘汰出局，东道主俄罗斯挺进八强。当然，西班牙亦可昂首离开。

恭喜俄罗斯队成为第三支挺进八强的球队。

今天的第二场比赛为克罗地亚对阵丹麦，是两支欧洲球队的较量。凌晨 2:01 打开电视，居然就看到了进球。丹麦前场界外球，约根森后点推射，球进了！开场 1 分钟，丹麦取得领先。克罗地亚的实力也不容小觑，仅 2 分钟后，维达直传给拉基蒂奇，经过两次转移，球到了小禁区，曼朱基奇迎球怒射，足球反弹破网。

克罗地亚扳平比分。比赛很是精彩，很有些看欧洲杯的感觉。从实力上看，克罗地亚稍占上风，莫德里奇、佩里希奇、拉基蒂奇、曼朱基奇，这“四奇”在丹麦半场创造了两次得分机会，但都没有得逞。

下半场开始，比赛变得中规中矩起来。我感觉还是欧洲球队踢南美球队的比赛更好看，欧洲球队都太严谨了，站位、跑动都四平八稳的，犯规也不算多，不像南美球队踢得如水银泻地般尽兴，充满强烈的故事感。

加时赛的最后阶段，舒梅切尔扑出了莫德里奇的点球。今天的比赛属于门将。加时赛结束，再度进入点球环节。

经过点球大战，克罗地亚 3∶2 战胜丹麦，惊险晋级。

恭喜克罗地亚成为第四支晋级八强的球队。

2018 年 7 月 2 日

八强微点评

5 分钟前，第 21 届世界杯八强全部产生。为了有所纪念，在此，我对八强球队做一个微点评。

俄罗斯队：点球淘汰西班牙。说实话，这是八强中最弱的两支队伍之一，在本届比赛中，状态来得太早，虽有东道主优势，但好运难以为继，且行且珍惜。

乌拉圭队：这是一个曾经两夺金杯的国家，虽然最近几十年一直没有展现出强队风范，但终究有王者底蕴，干掉了欧洲冠军正说明了这一点。看此次他们能否闯关成功，期待雄霸世界的卡苏锋线组合给我们继续带来惊喜。

法国队：德尚手里的牌实在是太好了，老中青完美搭配，攻防俱佳，关键还有一个姆巴佩，淘汰阿根廷并非运气使然，有夺冠实力，关键是看能否搞定实力不俗的乌拉圭吧！

克罗地亚队：比赛开始前，个人最看好的一匹黑马，有南斯拉夫足球强队的传承基因，能点球淘汰丹麦，可不是件容易的事。最容易让人记住的就是球员名字的尾字母，11 个球员中，80% 都是各种“奇”，奇、奇、奇、奇、奇、奇、奇、奇……

巴西队：五星巴西，淘汰墨西哥的那场比赛十分精彩，看内马尔能否率队在死亡半区杀出重围。比利时、法国或乌拉圭，都是不容小觑的队伍。但需要记得，这可是五星巴西呢！

比利时队：队伍里有一批天赋异禀的球星，但球队整体没能展现出王者气质，个人认为有些名过其实。当然，在落后两球的情况下连进三球，逆转日本，实力不俗。能在60分钟内被日本攻进2个球，实力不行。

瑞典队：印象中，瑞典好像拿过世界杯的季军，但综合判断，其实力与俄罗斯相仿，八强中两支弱旅的另一支。以1球优势小胜瑞士，也是8场淘汰赛中最难看的一场，慢慢来吧！

英格兰队：他们与哥伦比亚队的淘汰赛算得上截至目前第二精彩的一场，120分钟的赛程，踢成平局。这是一支与点球结缘的球队，有个很会摔倒，也很会踢点球的前锋，还能点球淘汰哥伦比亚。好运气的英格兰队，很会踢点球的英格兰队。

目前，56场比赛已经踢完，还有8场，本届世界杯就完结了。预报一下八进四的比赛赛程：

7月6日2:00，乌拉圭PK法国

7月7日2:00，巴西PK比利时

7月7日22:00，瑞典PK英格兰

7月8日2:00，俄罗斯PK克罗地亚

7月15日23:00，本届世界杯最后一场比赛将会由这8支队伍中的2支呈现，敬请期待！

2018年7月4日

谢谢俄罗斯

第21届世界杯进入收官阶段，四强已于今天凌晨5:00全部产生：克罗地亚、英格兰、比利时、法国。世界杯再次变成了欧洲杯。2006年的四强同样是4支欧洲球队，意大利、法国、德国、葡萄牙。此次欧洲球队夺冠已是板上钉钉，回看21届世界杯，欧洲12次夺冠，南美9次捧杯，欧洲逐渐拉开与南美的差距。

由于精力不济，四场四强比赛，我只看了三场。在即将结束之际，点评一下。

法国4∶3战胜阿根廷，当属本届世界杯最好看的一场比赛，除了7个进球，还有跌宕起伏的剧情：0∶1、2∶1、2∶4、3∶4，到最后1分钟，无数阿根廷球迷仍抱有期待。虽被淘汰，但阿根廷队并未让球迷失望，仅仅是因为，法国表现太出色了！

比利时2∶1胜巴西，我没有看，不做点评。

英格兰2∶0胜瑞典。说实话，这场比赛不是太好看，瑞典好像有某种魔力，无论是淘汰瑞士那场，还是此次对阵英格兰，似乎都能把比赛带入自己喜欢的节奏，还好英格兰整体实力更强，也有年轻硬朗有冲击力的身体，门前把握机会的能力也很靠谱，2∶0的比分很真实。

克罗地亚2∶2俄罗斯，点球4∶3晋级。克罗地亚在中场展现了笑傲江湖的统治力，莫德里奇、拉基蒂奇、佩里西奇、克拉马里奇、雷比奇、曼朱基奇（虽为前锋，但多次担当中场球员职责），此六人把俄罗斯队整体压制在半场，看得我都有些同情俄罗斯了。尤其世界最佳中场莫德里奇，有着皮尔洛的传球视野、哈维的组织才能、内德维德的奔跑，再加上独特的领袖气质，简直无懈可击。看过皇马比赛的人，应该都能记住这位厉害的中场球员。这次世界杯中，他变得熠熠生辉，若要评选本届世界杯最佳球员，在已完成的60场比赛中，莫德里奇绝对能拔得头筹。也是这场比赛，欧洲足球所倡导的团队踢法被展现得淋漓尽致，无论克罗地亚，还是俄罗斯，后卫可以插上助攻，前锋也可以回到本方禁区参与防守。对比南美球队，高下立判。加时赛的两个进球，让人心潮澎湃，而最终点球决胜，也让这届世界杯的四分之一决赛完美收尾。还好，克罗地亚赢了。不负我望!

7月11日2:00，比利时PK法国;

7月12日2:00，英格兰PK克罗地亚;

7月15日23:00，决赛!

让我们拭目以待，希望克罗地亚夺冠!

2018年7月8日

半决赛点评：法国 VS 比利时

北京时间 7 月 11 日凌晨 2：00，第 21 届世界杯半决赛打响，夺过一次冠军的法国对阵阵容豪华的“欧洲红魔”比利时。

开场前，法国公示的为 451 阵型，而开踢后能看出是 433 阵型，门将洛里，后卫帕瓦尔、瓦拉内、乌姆蒂蒂、卢卡斯，中场博格巴、坎特、马图伊迪，前锋姆巴佩、吉鲁、格列兹曼。而比利时摆出的是 352 阵型，门将库尔图瓦，后卫阿尔德韦雷尔德、孔帕尼、维尔通亨，中场登贝莱、维特赛尔、费莱尼、德布劳内、查德利，前锋阿扎尔、卢卡库。

开场后，法国主动收缩，意图非常明显，希望利用中锋吉鲁的抢点及接球转移能力，结合速度奇快的姆巴佩，加上灵活的格列兹曼，打防守反击。中场则依靠强悍且抢截能力过硬的坎特和马图伊迪进行防守，通过博格巴进行组织和调度。比利时也毫不客气，4 个后卫都压到对方半场。

场面上感觉比利时似乎占优，但从实际效果看，除了第 21 分钟那次绝佳的机会，神勇的洛里将一个必进之球挡出门外。比利时的得分机会没有法国多。通过高质量防反，法国在前场取得不少于 3 次的绝对得分机会。帕瓦尔的那次射门多亏了比利时门将的灵活表现，而吉鲁和姆巴佩也都各自浪费了一次得分机会。

上半场，双方都属于正常发挥，各自特点发挥得也很明显，表现抢眼的是比利时的阿扎尔和法国的博格巴。

上半场 0：0，双方均未取得进球，但比赛非常精彩。

下半场开始，双方均未换人。第 51 分钟，法国队终于打破僵局，吉鲁在前场射门被后卫挡出底线，取得角球。法国队角球发至前点，乌姆蒂蒂头球攻门得手。法国 1∶0 取得领先。这下，比利时难踢了，因为法国更容易打防反了。姆巴佩实在是太强了，时常能做出一些让人意想不到的绝妙传球或踢球动作。可惜吉鲁射术不佳，否则，法国队将领先更多。

下半场开场 15 分钟，法国队占据主动，场面很是有利。第 59 分钟，比利时换人，莫滕斯换下登贝莱。换人的效果确实明显，莫滕斯的传中太厉害了，比利时取得不少机会，但迟迟没有进球。

而法国队的吉鲁实力不济，配不上他的小伙伴们。若说目前法国队最需要增强的，应该就是中锋了。这让我想起我们的郜林斯曼，态度很好，但能力太差。

第 83 分钟，吉鲁终于被换下，恩宗齐上场补强中场防守。

第 88 分钟，德布劳内后场斜长传，可惜卢卡库没碰到球，否则，极有可能破门。

下半场补时 6 分钟，比利时再次换人，巴舒亚伊上场，换下查德利。距离比赛结束还有 2 分钟，法国队明显采用耗时打法。第 95 分钟，法国队取得进球良机，门前 4 打 4，可惜都未进球。

终场哨吹响。12 年后，法国队再次进入世界杯决赛，恭喜法国！这群才华横溢的年轻人配得上这场胜利，包括最会防守的中锋吉鲁。谢谢两支球队，比赛质量很高，可惜进球少了点。

2018 年 7 月 11 日

写给克罗地亚

目前，电视上正在演奏克罗地亚国歌，很快，这支神奇的球队将要与英格兰携手，奉上半决赛的比赛。

先说一下克罗地亚队的出场阵容及出场球员。阵型是 451，门将苏巴西奇，后卫弗尔萨利科、维达、洛夫伦、斯特里尼奇，中场拉基蒂奇、布罗佐维奇、雷比奇、佩里西奇、莫德里奇，前锋曼朱基奇。

比赛第 4 分钟，英格兰禁区前沿获得任意球，这个位置太好了，结果，球进了。斯特里皮尔任意球飞跃人墙，飞入球门死角。英格兰 1∶0 取得领先。

克罗地亚早早丢球，比赛将会变得异常艰难。上半场克罗地亚的最大问题就是前场和后场距离太远，串联不足，佩里西奇、曼朱基奇、雷比奇、拉基蒂奇都压上得太大，而英格兰的几个反击强人又将后卫压缩在后场，这样，中场只有莫德里奇和布罗佐维奇两人无法对抗英格兰的三人围抢，体系运转就不顺畅了。其实，今天克罗地亚的阵型与昨天法国的阵型是比较相似的，不同的是，法国队主动收缩，将整个队伍形成一个 10 人攻击整体，而今天的克罗地亚没有实现这一点，下半场估计克罗地亚的主帅会调整布置吧！

英格兰的防反玩得简单、粗暴、直接，效果也很明显，多次取得威胁球机会，如果下半场克罗地亚维持现状，英格兰还有机会取得进球。

说回克罗地亚。这个东欧国家，其实是南联盟成员之一，以前的南斯拉夫解体为 6 个国家，克罗地亚就是其中之一。1992 年，克罗地亚独立建国，至今也才 26 年。当然，早在 8 世纪末 9 世纪初，克罗地亚就已经建立了封建王国，1945 年加入南联盟，成为南斯拉夫的一个联邦。克罗地亚人口 417 万人，GDP548.49 亿美元，人口及经济水平大约等同于我国的广东省中山市。如果从 1992 年算起，克罗地亚 5 次参加世界杯，其中 1998 年，“金左脚”苏克带领克罗地亚队取得了季军的成绩，这也是至今为止克罗地亚在世界杯上的最好成绩。

本届世界杯，克罗地亚 2∶0 完胜尼日利亚、3∶0 胜阿根廷、2∶1 胜冰岛，3 战全胜积 9 分，小组头名出线。可能是状态出得太早，致使淘汰赛踢得比较辛苦，先是八分之一决赛与丹麦 120 分钟踢成 1∶1，最终点球 3∶2 淘汰丹麦。四分之一决赛遇到东道主俄罗斯，又是 120 分钟踢成 2∶2，再次点球 4∶3 淘汰俄罗斯。

这是第三场淘汰赛。第 67 分钟，佩里西奇接 2 号球员弗尔萨利科的传中，伸脚将球垫进球门，1∶1，克罗地亚扳平比分，多次进攻终于取得回报。第 71 分钟，英格兰后场丢球，佩里西奇击中横梁，错失良机，不过，克罗地亚还有机会。

作为克罗地亚的球迷，此时是幸福的，因为英格兰基本被克罗地亚压制在后半场，但一定要留意英格兰的反击。

克罗地亚第三次进入加时赛。作为克罗地亚的球迷，也是蛮辛苦的，连续三场淘汰赛，都要花 3 个小时。但愿加时赛的 30 分钟能解决战斗。

第 108 分钟，克罗地亚前场逼抢，佩里西奇头球传中，曼朱基奇门前抓住良机射门得分，2∶1，克罗地亚取得领先。看来，真的能解决问题了。

恭喜克罗地亚，首次闯入世界杯决赛，他们将会面对年轻有才的法国队。冠军将在 4 天后产生。

祝福克罗地亚！

2018 年 7 月 12 日

恭喜法国二次捧杯

2018 年 7 月 15 日 23∶00，第 21 届世界杯决赛在俄罗斯莫斯科卢日尼基球场开赛。

对决双方是法国与克罗地亚。前者曾在 1998 年夺得过大力神杯，而克罗地亚也在同年取得了季军。20 年一个轮回，20 年前的第一名和第三名将在今天决一雌雄。

根据双方的阵容名单，我预测法国依然会排出 433 阵型，门将洛里，后卫帕瓦尔、瓦拉内、乌姆蒂蒂、埃尔南德斯，中场博格巴、坎特、马图伊迪，前锋姆巴佩、格列兹曼、吉鲁。而克罗地亚应该会排出 451 阵型，门将苏巴西奇，后卫弗尔萨利科、洛夫伦、维达、斯特里尼奇，中场布罗佐维奇、雷比奇、莫德里奇、佩里西奇、拉基蒂奇，前锋曼朱基奇。

从球员实力看，法国队略占上风，但足球是偶然性很强的运动。比赛开始，法国队一如既往地防反，全队收缩得比较靠后。克罗地亚大举压上，感觉是压制着法国踢比赛。无奈，克罗地亚得势不得分，反是法国队在第 18 分钟，来了一个任意球，克罗地亚的曼朱基奇防守时不慎将球顶入自家球门。1∶0，法国队取得领先。

第 28 分钟，克罗地亚前场多次进攻后，佩里西奇乱战中抽射得分。1∶1，克罗地亚扳平比分。

第 38 分钟，法国队角球，佩里西奇防守时手球。主裁在通过视频回放查看后，用时接近 3 分钟，判决点球。格列兹曼点球射门得分。2∶1，法国再次取得领先。

其后10分钟，克罗地亚在法国队禁区轮番攻击，无奈，运气不在“格子军团”这边。上半场结束，比分依然是2∶1，法国队领先。

中场数据统计，法国控球率39%，1次射门，比分2∶1；克罗地亚控球率61%，7次射门，5次角球，比分1∶2。期待下半场克罗地亚好运。

下半场，克罗地亚依旧压上进攻，法国队防反。第58分钟，出现一次精彩的防反。姆巴佩得球突破边路传中，格列兹曼得球后再传，博格巴迎球怒射，球被门将扑出，博格巴再次射门，球飞入球网。3∶1，法国队两球领先。难得决赛能踢出这样的比分，从场面上看，的确是法国队得分机会更多一些，克罗地亚势必要解决得势不得分的问题。

第65分钟，神奇的姆巴佩接球怒射，球飞进球网。4∶1，法国队3球领先。看来，法国队和本届冠军已经近在咫尺了，就看接下来达里奇能否做出调整了。法国队目前踢得比较轻松了，3球领先，还有不到30分钟结束。法国队的进攻效率太高了。

第69分钟，法国队门将洛里在球门前玩火，被曼朱基奇偷袭得分。4∶2，克罗地亚追回一球。好看的世界杯决赛！ 1986年后，世界杯决赛第一次进球超过5个。尤其德国、西班牙都是在加时赛以1球优势小胜，意大利也是点球获胜。经历过这几届世界杯，对今天的比赛进程甚感意外。

距离比赛结束还有20分钟。目前，克罗地亚全场压上，达里奇拼了，看这个态势，八成还会有进球。

比赛已经踢了89分钟，比分依然是4∶2，法国队领先。常规时间已经到了90分钟，比赛补时5分钟。目前为止，法国队控球率只有38%，却掌握着精准的防反进攻战术，而且球员也很出色。

终场哨吹响，法国4∶2战胜克罗地亚。

恭喜法国队，第二次取得世界杯冠军。这是一场难得一见的有6个进球的决赛。谢谢两支队伍！

2018年7月16日

肆　与心灵对话

手机使用相对论

“我是在玩手机吗？”

“不，是手机在玩我！”

24 小时里，有多少时间，你的眼睛、你的耳朵、你的心和你的精神，是盯着手机，听着手机，沉迷于手机？各人自有各人的答案。

手机好吗？

优点是显而易见的。通过手机浏览网页，可以随时随地轻而易举获悉刚出炉的热腾腾的新闻资讯；通过微信与他人实现便捷沟通；电子支付省去了掏钱找零的麻烦，节约了大把的时间；还能通过朋友圈晒晒自己或大或小的幸福和苦闷；追看所有你想看的剧集和综艺；在游戏中大显身手，爽得停不下来……

手机似乎无所不能、无所不知、无所不晓，真是不可一日无此君！如此全能，谁能不爱？

手机坏吗？

我们学会了对各类新闻狼吞虎咽，懒得消化，因为新闻实在是太海量了。我们有多久没有和亲人朋友见面了？通讯变得太便捷了，面谈似乎变得毫无必要。那么，我们花钱是不是比以前更随性了？手机在手，消费由我，看不到真金白银的消费，让我们一点没有割肉的感觉。人们已经养成无论做什么事情都要晒一晒的习惯，网红随处可见。很多家庭已经省去电视这个必备大型家电，刷刷手机一样看遍全世界，还是便携式的。不管眼睛有多辛苦，不管家人如何劝阻，埋头于自 high 的游戏世界便胜却人间无数……

于是，世界上最远的距离变成——亲爱的，你坐在我对面，我深情地看着你，你却看着手机。

时间都去哪了？大部分时间都用来和手机约会了。

如此手机，还值得爱吗？好像谁又都离不开它！

哲学相对论是说，任何事物不会只有一面，无论好坏，你看到的、理解的、接受的，都是属于针对你的这一面，但对别人而言，那又是另一回事了。

可见，手机是好的，同时也是坏的。类似的话狄更斯也说过："这是一个最好的时代，这是一个最坏的时代。"既然回避不了，那么，我们就和掌中的手机且行且珍惜吧！

2018 年 4 月 6 日

生活不只眼前的苟且，还有诗意和远方

此时、此刻，我听着高晓松作词作曲，许巍演唱的《生活不止眼前的苟且》。本人爱好音乐，尤其喜欢听许巍和汪峰的歌。年少时，我更倾向于汪峰那撕心裂肺般觉醒的呐喊，包括《美丽世界的孤儿》《觉醒》《北京北京》等。而立之后，没有当年那么冲动和激烈了，更喜欢在自驾远游时，播放许巍的《旅行》《曾经的你》《故乡》。

今年，我已经37岁了，北漂3年颇有些不得不说的感触和体会。当下之社会的确需要面对日益激烈的竞争，很多时候，我们固然努力，但未有深思熟虑，结果往往不如预期。而北京之所以让我心感安定，是因为这里竞争归竞争，只要能做出成绩，为企业贡献价值，基本可以实现衣食无忧，即便偶尔或经常要接受眼前的苟且，但谁也剥夺不了我们心中的诗意与远方。只要内心光明，就无须对任何人趋炎附势，活出简单却真我的风采。我深知，这一切做起来并不容易，但心怀希望，总是可以达到的。如果你已选择放弃一线城市的竞争，那么，也请你放下毫无必要的攀比之心，珍惜三四线城市的舒缓节奏，学会压缩自己不切实际的欲望，安之若素地享受生活的馈赠。然后，多看看书，让心灵多一些滋养；多听听歌，尤其是那些好听且积极的旋律；多陪陪家人，多与哥们儿或闺蜜聊聊心情；多做一些与人为善、力所能及的事情，那么，你的世界自然与愤懑无关，你身旁的人同样可以收获更多的幸福感。

此时正值人间四月天，春暖花开。我想起老家山野里的红山茶，记起少年时上山砍柴，顺路采摘黄黑两色枝条上带刺的甜甜的水果，记起去年清明在青岛看到的大海，脑海中涌现了此起彼伏的诗意和远方。

生活的确不只眼前的苟且，还有诗意与远方。关键是，你需要有一颗属于自己的、简单的心！

2018 年 4 月 11 日

救救北极熊吧

这几天，北京的气温似乎也发了烧，连续5天最高温度超过35℃。然而，北京还不是最热的，全国多地气温超过了40℃，远在万里之外的非洲撒哈拉沙漠，气温达到了51.3℃。

气候变暖的现实已经很清晰地摆在我们面前。据说，很多低海拔国家可能还有几十年的时间就不复存在，伴随气候变暖，北极冰圈会逐渐融化，全球海平面会大幅上升。许多岛国常驻民已经开始思考，自己将何去何从。由于冰层融化，北极熊的领地日益减少，部分北极熊甚至会被淹死。每每看到北极熊尸体的照片，我的内心都会感到有些苍凉。

以色列作家尤瓦尔·赫拉利在《未来简史》中曾提出，世界起源于“计算”，而人类世界也将灭亡于“计算”。还有很多科学家也提出，人类就是地球的癌症，会顽强不息地干掉自己。

我们现在的生活的确是越来越好了，天热有空调，天冷有暖气，下大雨有汽车，下冰雹有混凝土房屋。人类看似无所不能，但我们面对自然灾害时往往又显得无能为力，地震、海啸、火山、水灾……听听就让人不寒而栗。

今年全球气温上升，这个夏天的汗水比往年都要来得更多一些，而北冰洋的面积快速缩减。有科研机构据此推算，到2045年，北冰洋的冬天将不再有冰，届时，由于北半球缺乏冷空气流动，全球气温预计将大幅变化，电影《明天》中的场景是有可能出现的。

本文标题叫作《救救北极熊》，其实，真正的写作目的是希望救救我们人类自己。目前，全球人口数量已经超过75.77亿人，伴随医疗水平的提高，以及我们自身经济水平的提高，人类平均寿命将继续提高，人口数量依然会快速增长，也许到 2045 年，全世界人口已经超过 85 亿人了。

还记得北京奥运会的口号吗——同一个世界，同一个梦想！无论时间如何变化，世界如何发展，如果地球温度持续快速上升，人类将要何去何从？我并不是人类学家，对自然科学也了解不多，但每当一出门，热浪袭来，那种烈日灼身的感觉我是深有体会的。虽然在自然灾害面前，我们通常会束手无策，但我们可以在那之前，做一些有意义的事情，比如节约用水、用电，尽量选择公共交通，参与植树造林，保护各种生物，进行垃圾分类处理，等等。

小事不小，举手之劳。

祝愿北极熊能撑过去，也祝福我们人类自己……

2018 年 8 月 5 日

机智能否过人

看了一档电视节目，叫作《机智过人》，是关于机器人挑战人类，对《念奴娇·赤壁怀古》这首名扬天下的宋词进行谱曲，看得我内心发凉。

关于人工智能的讨论始终不绝于耳，最出风头的机器人无疑是把李世石、柯洁斩落马下的阿尔法 GO！围棋曾被誉为人类最为博大精深的游戏，然而在无所不能的人工智能面前，人类自身的战斗力显得弱不禁风。当时，我就感叹，如果按如此速度发展，这个世界留给人类统治的时间究竟还有多少?

我们一直在追逐机械化、高效化、智能化，总在畅想通过人工智能实现弯道超车。然而，到底会有多少人能真正意识到人工智能之弊?

在看到机器人谱曲的时候，我的确是被震撼了。在我的认知中，一直觉得谱曲、作词、写诗、行文这些创造性事物是要带着真情实感去完成的，然而，《机智过人》的挑战现场，当题目宣读 30 秒钟后，机器人就完成了谱曲工作，而两位国内目前排位前十的乐坛大咖李泉和黄国伦费尽移山心力，耗时两小时才完成谱曲。当歌手演唱他们的作品时，我根本猜不出哪首曲目是机器人做的，真的是非常专业。

谱曲如此，那么，文章呢？虽然我也知道如今人工智能码字司空见惯，但也不免担心，到底每天在今日头条看到的那些信息，有多少是机器人编撰出来的？若从处理运算的角度考量，机器人看完所有伟大的文学作品是能够比较容易计算出文字的排列组合方式的，它们不仅不会感到疲劳，还拥有强大的记忆存储能力，那么，还有什么是它们不会或不能完成的?

人工智能究竟是不是人类统治地球阶段发明的最后一种科技？据说，在不久的将来，可以实现安全系数极高的无人驾驶，驾照都不用考了……

此刻，我想到一句经常看到的话：最大的敌人不是别人，正是我们自己。万事万物都有辩证的两面，如同原子弹的试爆成功一般，人工智能在给我们带来便利和惊喜的同时，会不会取代我们的灵魂，鸠占鹊巢？科技日新月异的今天，人类难道会一步步走向退化之路吗？

希望十年后，还有记者、作家、律师、编剧这些行业！

2018 年 8 月 19 日

真吾何其难

看《中国好声音》，发现有一个歌手，名叫黎真吾，歌唱得好，特点突出，不出意外地进入了哈林老师战队的四强。

我其实并未记住他唱的歌，却记住了他唱完后说的那句话："希望我的爷爷能为我骄傲！我今天无愧于自己的名字——是真实的自己！"

接近不惑之年，人似乎就不那么自信了，尤其在"做回自己"这件事上。比如我很喜欢唱歌，包括工作间隙，但也不可能随时随性地放歌；比如我希望直抒胸臆，却必须要注意自己的角色，绝不能口不择言；再比如我喜欢性情中人，眼里不容沙子，往往不愿隐瞒内心的真实想法，但现实中还不得不考虑面子工程；比如我内心厌恶日本，却也要偶尔陪媳妇去吃东洋料理；比如我喜欢喝酒，却因担心酒后失言，必须要浅尝辄止……可能还是自己贪心了些。

记得前段时间有一句话很流行："愿你历尽千帆，归来仍是少年。""少年"之所以让人留恋和倾慕，除了那种无忧无虑的意象外，更重要的恐怕是，少年时，大多数人都活出了自己。

青葱谢幕后，我们开始步入社会，接触了不少人和事，逐渐学会各式各样的成熟或稳重，以及各种谋生的本事和手段。至于曾经的梦想和内心最真实的诉求，在每日的柴米油盐和媳妇孩子消费、求学的压力下，在房东来电催收房租时，在手机短信提醒银行卡还款日时，统统变成泡影。

所幸，还有阅读的时间，还有写字的自由，还有可以发呆的片刻，还可以随心所欲地遐思浮想。真实的自己，其实并不难找寻。

愿你折腾半生，内心仍是少年，做你所想！

2018 年 8 月 31 日

十二年义务教育

2018 年 3 月，全国两会期间，代表热议十二年义务教育。我当时就比较激动，感觉这是一件利国利民的大好事。目前，我国实行九年义务教育制度，包括小学六年和初中三年，小学前的幼儿园阶段（多数为三年）和高中三年依然采用收费教育模式。还有相当一部分农村落后地区没有幼儿园，小孩到六七岁第一次入学就是小学一年级；高中也一样，一些未成年人在初中毕业后，选择走职业教育这条路，上的是中等专业院校，包括很多县级师范类中专、医学类中专、财经类中专，也有职业技能培训学校，比较知名的有蓝翔技校、新东方职业技术学校等。正因没有得到全民普及，无论高中教育，抑或幼儿园教育，都是具有选择性的。如果从家庭负担方面来看，绝大部分家庭会认同幼儿园的支出压力远高于高中教育。以 2018 年某二线省会城市为例，一般公立高中的学费为 800 元 / 年（不含住宿费），而公立幼儿园的学费是 8000 元 / 年（不含住宿费）。两者均不含各种培训课、餐费、书本费，可见，幼儿园教育的支出是高中教育的 10 倍。如果是私立幼儿园及私立高中的话，则要再提高 10 倍还不止。

从目前官宣和网络风传的消息看，十二年义务教育应包括高中部分，即公立高中将免收学费。由于目前幼儿教育体系中民办市场占比超过 50%，因而，政府尚无力普及该年龄段的义务教育。

根据前瞻产业研究院发布的《2017—2022 年中国学前教育行业市场前瞻与投资战略规划分析报告》的数据显示，目前，民办幼儿园已成为幼教行业的主体力量，学前教育是教育细分领域中民办化最高的子领域。2015 年，全国共计幼儿园 22.37 万所，其中 14.64 万所为民办幼儿园，占比 65.44%；在园儿童 4264.83 万人，其中民办幼儿园在院儿童 2302.44 万人，占比 53.99%。相较幼儿教育，则有约 85% 以上的孩子就读的是公立学校的高中。可见，将高中教育包括到义务教育体系中比将幼儿园教育包括到义务教育体系中更为容易，也更实际。

中国向来有尊师重教的传统，几乎所有家长都会倾力于子女的教育工程，宁可一年不添新衣，也不愿让自己的孩子输在起跑线上。“知识改变命运”的至理名言在中国被贯彻得最为彻底。所以，无论向上，还是向下，将义务教育年限提高至十二年，这是普惠民生的大好事。希望国家能快速执行，让中国的义务教育体制继续保持领先段位。

2018 年 9 月 8 日

退休，挺好的

马云说，将在2019年9月10日辞去阿里巴巴集团董事局主席的职务，交接给张勇。

这天正好是教师节，马云老师抢了所有老师的风头。于是，网络上没有多少文章去谈教师节，倒是一股脑地关注起这位中国前首富的心路历程了。

我没用过支付宝，之前在淘宝网购物好像是关联了建设银行的一个网络支付功能。后来感觉京东上的东西质量更有保证，加之微信支付方兴未艾，网购就都选择京东了。所以，对阿里巴巴也好，淘宝、天猫也罢，我确实关注得不多，但对马云先生其人，碍于他的首富身份，以及其特立独行的为人处世之风格，还有他也有金庸的武侠情结，关注得倒是更多一些。

当然，阿里巴巴固然有很多缺陷，但其毕竟打破了长久以来的商业法则，勇于尝试瓜分传统银行的存贷差收益，让许许多多小微企业有了便捷宽阔的市场空间，从经济学角度看，它对经济增长是有明显、正面的推进作用的。中国的企业家群体中，马云先生必然可以算得上作用巨大的一位。甚至从经济增长贡献率的角度说，马云可算得上改革开放40年排名前三的企业家。

马云，1964年9月10日生于浙江杭州，生肖龙。1999年创办阿里巴巴时，他才35岁。不到20年的时间，把一家小公司做到世界500强，而且是中国互联网企业的代表，必须承认，马先生非常人也。其实，听过他的演讲的人都会有同感，他的口才太好了，而且逻辑缜密，很有感染力。这也是阿里巴巴的“十八罗汉”因何能聚拢在马云左右的原因。天才总有一些特长是别人所不具备的。正如马云所推崇的武林人物风清扬一样，行事特立独行，不按常理出牌，所施决策让多数人看不懂，也许，这些正是天才企业家的特质吧！

无论如何，2019的9月10日后，55岁的马云将获得更多自由，而这位天赋异禀的企业管理人才将会做出怎样特别的事情，我想没有人能猜到。当然，对于这样的企业家，我们需要多一份尊重与包容。他让很多人找到了谋生的手段，单就这一点，再伟大的作家、画家或是艺术大师都是无法做到的。

祝马云先生如愿找到自己想要的生活方式！

2018年9月12日

小冰会干掉我们吗

小冰是一个人工智能美少女。创造小冰的科学家说，小冰的人设是 18 岁的女学生。早在半年前，我就在央视的《机智过人》栏目中见识到了小冰的身手。当时，她与 4 个真实的 18 岁天才美少女同台 PK，测试项目是写诗。结果，小冰的诗与另外 4 人所写作品不分伯仲，观众几乎分辨不出来哪首诗是小冰所作。后来，她又与李泉、黄国伦两位知名音乐人 PK 歌曲创作，也非常出色地完成了任务。

今天，我在湖南卫视再次看到小冰与一名知名画家 PK 作画。不出所料，现场观众投票选出的最佳画作出自小冰之手。

写诗、作曲、画画……我曾经一直觉得能够完成这些充满灵性的工作是人类与人工智能最大的差别。可如今，这些充满创造性、艺术性的奇思妙想也被植入人工智能的体系，这也太可怕了吧！半个月前，我在网上看到阿里巴巴推出了无人酒店，全靠人工智能提供服务；再往前，已涌现了不少无人超市、无人餐厅，甚至无人驾驶的概念。现实生活中，人类能做到的，人工智能几乎都能做到；而人类不能做到的，人工智能似乎也能驾驭。究竟还有什么是人类所独有，而人工智能无法企及的呢?

现在，已经有机构和企业开始研究人工智能替代人类怀孕和生产，还包括我们能想到的所有事物，聊天、下棋、唱歌、写作、画画……凡是人类会的，人工智能都能上手，连学习的时间都省了。

由于人工智能不会感到疲劳、不会烦躁、不会生气、不会情绪化，因此，从事同样的工作，人工智能必然比人类亲力亲为高效得多。如果从经济发展的角度看，在可预测的不远未来，人类社会的绝大部分工作岗位都有可能被人工智能所取代。届时，人类还能做些什么？

若说定要指出人类与人工智能的区别，那么，我想除了会发自内心地爱，以及表达那些复杂的七情六欲，再无其他了吧！但没有人知道，人工智能会不会在哪天就可以形成各种情绪，并适时表达。如果连这一点灵性也被人工智能收入囊中了，那么，科幻大片里的场景将会变成眼睁睁的现实，统治地球的必然会是无所不能的人工智能。

但愿这只是我个人的杞人忧天。

希望，小冰成长得慢一些。

2018 年 11 月 11 日

让脚步等一等灵魂

下班回家，看到两箱褚橙，是云南的朋友前两天邮寄过来的。开箱后，一个个饱满亮丽的橙子跃入眼帘。

果果说："妈妈，我想吃橙子。"果妈利索地剥好两个褚橙，果果一片接一片，一口气吃掉大半个。我和果妈也加入吃货行列，很快，两个褚橙只剩片甲，果肉被消灭干净。

第二个、第三个、第四个……就这样，我们一家三口一下吃掉 12 个，每一个都始终如一的好吃。可能因为我是云南人，虽然到北京已三年，时常会买些时令水果，但第一次感觉吃得如此尽兴舒爽。

正好今天的朋友圈有个朋友转载了一篇文章《褚时健的极客人生》。文章写得很文艺，但总感觉缺了些泥土的味道。我之前曾看过褚时健的自传《褚时健：影响企业家的企业家》，书里详细记录了此君的传奇人生。

他做过糖厂厂长，将一个亏损小厂扭亏为盈，后凭一己之力，把玉溪卷烟厂带入世界之巅，随后人生跌落谷底，锒铛入狱。2002 年，已经 74 岁的褚时健再次创业，做的却是需要三至五年才能看到收益的农业，种植橙子。再后来，"褚橙"凭借优良的品质及口碑一炮打响，成为中国水果品牌中为数不多的扛把子产品。

褚时健曾说过这样的话："这几年，不少二十多岁的年轻人跑来问我，为啥事总做不成？我说，你们想简单了，总想找现成，找运气，靠大树，没有那么简单的事。我八十多岁了，还在摸爬滚打。"

其实，不只年轻人耐不住寂寞，坐不住冷板凳，当下的社会氛围似乎也被

“一夜暴富”“一鸣惊人”“一飞冲天”这样的速成观念所渲染，媒体也特别喜欢报道各式青年才俊、天才少年，浮夸的表述不绝于耳，让人们越来越不愿脚踏实地，吃苦耐劳、卧薪尝胆这样的磨炼被看作墨守成规。于是，整个社会都不淡定了，甚至不会吹牛、不懂得包装自己都很难争取到投资人的青睐及社会的认可。匠心、耐心、恒心似乎都变成了很傻很天真。

我们处在一个追求短、平、快的社会，哪怕现在依然还有人、有企业坚守匠心精神精雕细琢地用心打造产品，却已经很难企及“褚橙”这样的成功高度了。

希望这个社会，能慢一点儿，再慢一点儿，让脚步等一等灵魂。

祝福“褚橙”，祝福所有秉持匠心精神的企业。

2018 年 11 月 19 日

恐龙的话题

早上，陪果果去一个小区的网球运动场练习足球。回家途中，我问果果：“今天，爸爸还有一篇文章要写，你希望写什么呀？”“恐龙！写恐龙吧！我最喜欢恐龙了。”于是，便有了本文。

恐龙约生活于6500万年前。1841年，英国科学家理查德·欧文在研究几块样子类似蜥蜴骨头化石时，认为它们是某种史前动物的遗骨，并将其命名为“恐龙”，意思是“恐怖的蜥蜴”。从此，人类开始对恐龙有了认知。也许再过20年，人类或可发现曾生活在伟大地球上的另一种未知生物。

人类约诞生于400万年前。从6500万年到400万年，中间经历的6100万年，合计2226500万天。那段时间，这个地球是什么样子？是什么样的生物统治着地球？显然，这一时期的研究尚属空白。即便恐龙，我们所掌握的知识也并非来源于科技研究，更多的是来自类似《侏罗纪公园》《侏罗纪世界》这样的科幻影片。

有一件事情，我觉得挺神奇的。动物那么多，小狗、小猫、兔子、熊猫、浣熊、斑马……唯独恐龙，孩子们从未亲眼见过，也不可能对此储备充足的相关知识，但几乎无一例外的，绝大部分小朋友都对恐龙抱有极大的兴趣或者说好奇，当然，成人也一样。而200年前的小朋友压根就不知道恐龙这个神奇的生物，那么，是否有可能人类就是某种恐龙的后代？当然，古人猿是人类的始祖，这是全人类范畴内达成的基本共识。然而，古人猿的祖先又是什么？恐龙时代到人类诞生的6100万年里究竟发生了什么？这个命题已经远远超出了我们想象的空间。那么，就现实一点，思考一下当下吧！

人类就像细沙，只能存活一次，哪怕再长寿，存世的时间也不超过 5 万天，与地球历史的过亿天相比，是那么的渺小和微不足道。不知道会不会有人在不久的将来能考证出恐龙时代到人类诞生的那 2226500 万天的历史。

知，无止境。

学，无止境。

2018 年 11 月 24 日

请礼让行人

看到有朋友转发了深圳一个4岁女孩被一辆低速行驶的汽车碾压致死的消息，内心霎时成灰，进而是愤怒。不管肇事者有何种理由，这样的结果等同于谋杀。

如果采用比喻手法，人生的4岁应是春天的嫩芽、含苞的花朵、钻出土壤的幼苗……而就是这样一个美丽的生命，因为驾驶员的一次过失，永远丧失了绽放的机会。我不知女孩的父母如何面对这样白发人送黑发人的惨状，也不愿诅咒肇事者天诛地灭，仅想立足事件本身，提出几条建议，望能尽最大可能减少类似悲剧的发生。

第一，父母带孩子过马路时，小心小心再小心，尤其不要一手看手机，一手拉孩子；遇到有车辆经过，伸手示意，待车辆明显减速后，再快速通行。

第二，驾驶员在驾车经过行人较多的区域时，必须全神贯注，务必减速行驶，必须礼让行人，切记生命只有一次。

第三，相关部门应以此次事件为鉴，对致人死伤的交通事故肇事者应采取严判，非高速公路上的致人死亡事故应等同过失杀人罪论处，同时提高民事赔偿额度。目前多数的三责险是50~100万，赔偿标准应按不低于200万算。

第四，公检法机关应该参与到事件中去，无论肇事者的身份贵贱高低，均应严惩不贷。

第五，鼓励法学人士及志愿者为此类事件中的受害人家属提供法律援助。此时，家属的心灵极为脆弱，多一份力量，多一些真心，他们会深感慰藉。

最后，为避免更多生命被车祸夺走，呼吁媒体及网络大V们拿出勇气和毅力，追踪报道此次事件，依法治国会因人民的关注不断得到夯实。我们不仅要关注国家大事、国计民生，也要关注家事、身边事，以及那些发生在日常里的微小的事。

希望悲剧不再重演。

愿天堂里没有车来车往！

2018 年 12 月 5 日

薛定谔的猫

如果哪天你遇到一个令人讨厌的夸夸其谈者，可以这样回复他："你说薛定谔的猫最后究竟是死了，还是没死？"对方若能把这个问题讲得头头是道，你便可以继续听他聊下去；若对方实乃不学无术者，你则可以和他解释一下何为薛定谔的猫。

首先，科普一下关于薛定谔的问题。薛定谔是奥地利物理学家，全名埃尔温・薛定谔，生于 1887 年 8 月 12 日，死于 1961 年 1 月 4 日，是量子力学的奠基人，并在 1933 年获得诺贝尔物理学奖。

薛定谔在 1935 年提出了一个有关猫生死叠加的著名思想实验：在一个盒子里，有一只猫，以及少量放射性物质。有 50% 的概率放射性物质将会衰变，并释放出毒气杀死这只猫；同时，也有 50% 的概率放射性物质不会衰变，而猫活了下来。在盒子被打开前，没有人能确定里面的猫是活着，还是死了，因为放射性物质的衰变是无法准确预测的。

如果从物理学衍生至哲学，则可以说，盒子里的猫既生又死，两种状态似乎合为一体。当然，许多人会问，薛定谔的猫是生还是死，管我什么事！只要打开盒子就一目了然了，有必要去猜测一只猫的生死吗？

由于量子力学是比较复杂的学说，"薛定谔的猫"仅仅是一个思维实验。现实中，薛定谔没法操作这个实验，亦无必要，因为人类需要在盒子打开后才能做出判定。

但在哲学领域，这又涉及一个有名的哲学理论——不可知论。它与可知论相对，是一种哲学的认识论，除了感觉或现象之外，世界本身是无法认识的。

它否认客观规律，排除社会实践的作用，但世界是客观统一的，未经实践就进行先验判断，即自我否定。这一点最初由英国生物学家 T.H. 赫胥黎于 1869 年提出。人的能力不能超出感觉经验或现象的范围，不能认识事物的本质及发展规律。许多流派从不可知论出发对科学真理的客观性予以否定，排除认识世界的可能性或排除彻底认识世界的可能性的哲学理论。

而“薛定谔的猫”，其本身是一个思维实验，既可说是一个物理问题，也可说是一个哲学问题。若从哲学角度出发，就是我们所掌握和理解的知识来源于先哲或前人的认识及了解，但很多所谓的知识并没有准确有效地被证明其正确性和真实性，而且伴随我们认知的不断增加，以前许多类似 1+1=2 的理论都出现了新的结论。比如 100 年前，我们不会意识到量子力学及量子纠缠理论。知名学者、原清华大学副校长施一公也说，“我们认识的世界和我们的知识体系，对应这个世界及宇宙而言，实在是太少太少。”不知道再过 100 年，是否又有什么全新的知识和理论会诞生。当然，知识伴随时代不断更新，正是人类自我发展的内生动力。

无论薛定谔的猫是生，还是死，无论我们学习和掌握的知识是否完全正确，都不影响我们继续保持学习的劲头和进步的热情。苛求学到完全正确的知识本身就是一种错误。

当然，希望看过本文后，你能给别人讲清楚什么是薛定谔的猫。

2018 年 12 月 16 日

早上好，2019

不知不觉地，时光的年轮已把2018年全部走完。今天，进入2019年了。

昨晚，听了罗振宇的“时间的朋友”2018年跨年演讲，收获颇多，赶着记忆的热度，现归纳整理一下。知识的最大妙处就是，2000年前管用，现在也很管用。主要有这么重要的几句话：

1. 我们改变不了大趋势，但可以做好自己，迎接每一个小趋势；

2. 种一棵树最好的时间是10年前，其次就是现在；

3. 小趋势永远不会有末班车，只要你准备好了，总能赶上；

4. 按照上千年的数据统计，经济发展最差最差就是出现一个小L，而且很快又能继续向上；

……

接近四小时的演讲，有很多很值得吐槽的点，比如广告植入太多，镜头切换感觉生硬，明明要讲五件事，仅仅说出了四件。我也做过演讲，如果说60分钟还能坚持的话，超过2小时，那绝对是件要命的事情。然而，1973年出生，已经46岁的罗振宇，能举重若轻、口若悬河地把演讲顺利完成，真挺牛的。

那么，再说说我的2019年寄语。希望我的家人、朋友和所有关注我的人，能在每一件小事中，收获属于自己的小幸福。也祝福所有人，每天早上醒来的第一件事，可以对新的一天说一声——早上好！我相信时光能听到，如果每天你都做了这件事，10天后、100天后、1000天后，总会有好运光顾你。

今天天气不错，阳光明媚，雾霾也很知趣地不在新年第一天来叨扰。

早上好，2019！

2019年1月1日

谁在贩卖焦虑

新年刚过，这两天网络上对吴晓波、罗振宇等进行跨年演讲的人进行了立场分明的报道。大体上，大部分知识分子觉得吴、罗把复杂的世界和经济归纳整理成了简单干练的世俗语言，让大家能更深刻地领悟这世界。当然，也有不小一部分人认为，二人功利心太重，不断渲染这个世界的发展和进步，然后告诉你，你再不学习，就跟不上时代了，引起许多中青年人的焦虑，而这种焦虑是人为造成的。

我没有看吴晓波的演讲，但看了罗振宇的“时间的朋友”。我必须客观承认，焦虑确实增加了一点点。世界确然每天都在进步，无论罗氏说或不说，现实就是那样。作为很小很小的一个个体，我们很难改变世界的走向，但可以改变我们自己。但我不认同他所提倡的让大家去“得到”上听那些所谓的知识，我相信那句话：没有经过你思考的任何知识，都仅仅是文字。媳妇下载了“得到”，每天早上起床洗漱时，都会听上几分钟讲演。我也参与了几次聆听，但因早上的时间过于宝贵，很少在脑海里留下印象。

在知识碎片化的时代，越来越多的人通过百度了解世界。但关键在于，百度只知已有文字记录的内容，不可能去思考这些内容的真伪和对错；而真正的知识分子，可以得出百度以外，比百度深入得多的认识和见解。所以，百度仅仅是让我们知道，却并不会让我们理解。

今日头条每分钟上万条的信息推送，哪怕是神仙，对所有新闻、信息，也只能是走马观花式的。我们感觉每天都看到很多，但真正理解和掌握的则越来越少。而今日头条还有一个神奇的地方，当你刷新后，它会选择性地把与你上一分钟阅读内容相近的信息推送给你。比如你打开了某个令人焦虑的信息，像裁员、疾病等，那么，你换个时间再次打开今日头条，百分之百会有更能引发你焦虑的信息跃入眼帘。顺着这个逻辑推演，其实是你自己选择了焦虑，再被舆论或互联网放大。如果你想减少焦虑，很简单，今天，就不要看手机了，或是不点开任何你觉得可能是负面的信息，多点开能让人心情愉悦的信息。

希望在这个碎片化的时代，我们能像修行的高僧般，每天能有那么几分钟，平心静气地合上眼，思考这神奇的世界和世界的神奇。

2019 年 1 月 4 日

何为原创

文字是个神奇的东西。中国有多少汉字，我不敢妄言。而我们熟悉和日常行文能用到的汉字约 3500 个。每天光一个今日头条就有超过 15 万篇文章被发表和推送，按每篇文章 3000 字计算，每天可产生近 4.5 亿的文字量。而这 4.5 亿文字来源于我们都很熟悉的那 3500 个字，一些常用字很可能被使用了上万次。

有时候，我在写文章时也会思考，究竟什么叫原创？因为信息无孔不入，获取信息几乎是无须成本的，每当遇到疑问或知识盲点，搜索引擎都能帮你答疑解惑。所以，写文章时，每遇自己拿不准的知识，我都会上网查询，必要时，也会摘录一小段将事件、信息描述清楚的精练文字，尤其在写与经济学相关的文章时，更是如此，如亚当·斯密的《国富论》、凯恩斯的《就业、利息与货币通论》、熊彼得的《经济学原理》的引文等。

看今日头条，有一篇官方媒体讨论呦呦鹿鸣所写的那篇《甘柴劣火》的文章，提到一个所谓版权的讨论。本来 500 字能说明白的事情，却用了 3000 余字，看得挺累的。还是把前人写“呦呦鹿鸣”的一小段绝佳文字分享给大家，欣赏一下真正的原创吧！

短歌行（曹操）

对酒当歌，人生几何！

譬如朝露，去日苦多。

慨当以慷，忧思难忘。

何以解忧？唯有杜康。
青青子衿，悠悠我心。
但为君故，沉吟至今。
呦呦鹿鸣，食野之苹。
我有嘉宾，鼓瑟吹笙。
明明如月，何时可掇？
忧从中来，不可断绝。
越陌度阡，枉用相存。
契阔谈讌，心念旧恩。
月明星稀，乌鹊南飞。
绕树三匝，何枝可依？
山不厌高，海不厌深。
周公吐哺，天下归心。

2019 年 1 月 14 日

我是谁

我是谁？

这是一个问句，也是一部电影的名字，成龙主演。好多年前的影片了，且不去说了。回到这个带有哲学意味的课题：我——是——谁？

我是谁？我从哪里来？将要到何处去？这是所有研究哲学之人都需要深度思考的三个命题，然而，绝大部分人连一个都搞不清楚，比如很简单的——我是谁？

好多年前听到这个问题的时候，我也在思考——我是谁？儿子、丈夫、父亲、同学、朋友、同事、领导、邻居……我们在社会现实中充当各种不同的角色，拥有不同的称谓，但无论哪个称谓，都不能很圆满地解释“我是谁”这一命题。

人类诞生至今，也只不过是浩渺星空中一个行星上很小很小的生物而已，有你不多，无你不少，地球照样公转自转，你是谁一点也不重要。当然，人类也可以很伟大。伟大到什么程度？万物之灵长，我们拥有情感，可以判断，具有主观能动性。任何一个人的内心世界都是别人无法侵入或占领的。然而，人类又是群居的动物，我们的生活无法逃脱社会和市场而独立存在。若想多赚点钱、多取得社会的认可，与其百般追求“我是谁”的答案，倒不如弄清别人认为“我是谁”。

其实，作为普罗大众中的一员，又何必苦苦思索这些深奥的哲学命题？还是把它们留给深邃的哲学家们吧！然后，多陪陪家人，想办法努力多赚点钱，给身边的人和自己多带来些快乐和幸福。

如果，现在你问我：“你是谁？”我会答：“我就是全世界！”

这就是我的答案。

希望所有人都能活成你自己欣赏的样子，祝好！

2019 年 1 月 17 日

意外

今天回到昆明的家，很温馨、很惬意的家。屋不大，甚至有些拥挤，但感觉刚刚好。媳妇毫不费力地弄出一桌丰盛的晚餐，吃得很饱。

吃完晚饭，父亲拿出一张银行卡，让我陪他去门口的银行自动柜台机存款。老人 73 岁了，对自动柜台机不熟，我欣然陪同前往。

我们于 19 : 50 左右到达小区门口的自动柜台机前。接下来，插卡、输入密码、点击查询余额，显示账面上有 8017 元；然后，返回、点击存款，将 5000 元现金放入收银口，便是“唰唰唰”的点钞声，接着吐出四张有残损的纸币。我从钱包里拿出四张较新的纸币，正准备放入收银口，谁知收银机已经关闭。我思忖着那 4600 元是否已经存进去了，遂再次查询余额，账面上还是 8017 元，那 4600 元现金被柜台机吃了！还有一个细节得说一下，打开柜台机时，该柜台机提示：“打印机缺纸，暂不提供凭条打印，是否继续服务？”

我当时心想，没有打印凭条，纸币也未退出，卡是在过了 2 分钟后自动退出来的，再次插入查询余额，依然是 8017 元。后来打了银行的服务热线，接线员很有礼貌地说：“您的情况我们知道了，2~7 个工作日内，我们会帮您处理。”我反复重申，现在我没有任何证据能证明我存入 4600 元，但事实是我的确存了 4600 元，我担心届时银行账号没法办理存款确认。

“先生，请您相信柜台机上都有记录，也有监控。您存入的钱是不会凭空消失的，请您 2 个工作日后携带身份证到附近的 ×× 银行处理。”答复依然很有礼貌，相反，我有些不淡定了，挂断电话，拨打了 110。不到 10 分钟，110 特勤车开到柜员机旁，听我说完情况，警察做了简单记录，再次安慰我们父子，表示银行会妥善处理好我们的问题，无须担心。随后，特勤车驶走。在警察介入的过程中，一名 ×× 银行保安类的工作人员也赶来了，耐心地安慰我们一番，可父亲依然心情激动，不愿离开，担心如果有人来取款，这 4600 元会被取走。

经过好一顿安慰和劝说，父亲才勉强答应和我一起回家。我还致电大姐，托她明天把父亲的身份证从文山带回昆明，方便我去办理款项入账手续。

第一次遇到被银行柜台机莫名其妙吞现的故障，还凑巧没有打印凭条，没有交易明细，除了我们父子二人，确实找不到任何第三人证明。

相信到后天，所有问题都能迎刃而解。虽有银行“会在 2~7 个工作日处理”的承诺，我仍然希望今后我们的银行系统能提供精准便利的服务，减少此类乌龙事件的发生。

2019 年 2 月 8 日

凉拌鸡血

年三十的时候，我大姐夫有一道拿手凉菜——凉拌鸡血。

杀鸡前，用碗接两三百毫升冷水，撒入少许盐；杀鸡后，将鸡血接入盐水碗内，边接边拌，让盐水与鸡血充分混合。鸡血接完，放在一旁静候，将鸡胗、鸡肝、鸡肠、鸡心等用开水捞熟，后切成条状，放入盐、醋、蒜汁腌制片刻。将小葱、香菜、辣椒（一定要放少量青红的小米辣）、盐、醋、酱油、青花椒搅拌均匀，作为调料，先将条状鸡杂放入鸡血碗内，再放入调料及适量姜丝，最后加入开水捞过的芹菜、韭菜、蒜叶，凉拌鸡血搞定。

每次这个菜都是年夜饭里最先吃完的菜，酸得过瘾，辣得给劲，麻得恰好。再加上嫩嫩的鸡血、脆脆的鸡胗、甜甜的鸡肝、爽爽的鸡肠……怎一个“美”字了得！

值得一提的是，一定要选用山鸡或走地鸡，若是饲养的鸡，是出不了那个味儿的。

这次年三十，这道大姐夫的拿手菜毫不意外地在饭席进行仅一半时，就被一扫而光。我们会不浪费剩余的汤汁，将其余凉菜都汇入这碗余味悠长的汤汁中，直到汤汁也全部干净。

凉拌鸡血，好吃！

2019 年 2 月 10 日

说一说排队问题

说说排队问题。

我们上班赶地铁要排队，到医院挂号要排队，去超市买完东西付款要排队……伴随排队一起产生的，还有插队，这一被人痛恨和诟病的行为。我不止一次在地铁站见到有人因插队而被他人责骂和指责，也总会在医院、电影院看到有人不排队就硬往前挤，导致人群怨声载道，倒是在超市很少看到插队现象。

疑问由此产生，为什么插队情况在地铁、医院、影院等地屡见不鲜，超市却很少发生？

我尝试回答这个问题，那就是地铁、医院、影院没有对插队者进行严格有效的处罚，间接导致插队者不当得利。而扩散至全社会，当这种不当得利不断被扩大，整个社会风气和消费习惯必然出现经济学中常用到的术语——“劣币驱逐良币”现象。我试从几个方面来解释这个现象。

其一，由于国民的消费水平有限，各种山寨产品、廉价商品备受青睐，许多专注高质量、高投入的企业和厂家，因订单减少，不得不退出市场。这一点在房地产行业表现得尤为明显。业内公认的住宅产品品质做得最好的当属五年前的绿城。彼时，还是宋卫平掌舵，匠心和高品质始终是宋卫平的心之所向。有业内媒体这样评价绿城：绿城肯定不是行业内最会赚钱的企业，但绝对是中国最会做产品的企业。能与绿城品质一较高下的还有当时的星河湾。但因中国消费水平不济，2014 年年初，融创收购了绿城；同年年底，中交接手绿城，宋卫平遗憾地退出了绿城董事会。雕琢产品的最终干不过控制成本的，而目前

“宇宙第一房企”碧桂园，则很聪明地走的是与市场同步的路数，高周转、低成本、精品质是其引以为傲的核心竞争力。目前排名前五的房地产企业，无一例外都属于成本控制良好、开发效率高、资金可以高周转的企业，恒大如此，万科亦然。回到排队问题。除了房地产行业，目前的食品行业、纺织品行业、酒店行业等，体现出来的均是遵守规则、雕琢品质的企业竞争不过控制成本、快速周转的企业。

其二，目前国内依然存在大量“特殊客户”，故而医院、学校、政府等各类场所，总能看到一部分人不用排队的现象，这也导致不当得利存在一定的社会空间。

其三，插队者得不到应有的惩罚，致使不当得利得以野蛮生长。一些插队者缺乏对规则的尊重，最终出现的就是“老实人吃亏，奸诈者获利”的不良社会现象。

以上三点是当前插队现象普遍存在的主要原因，要解决这一问题，也需从这三个方面着手。第一点受制于社会经济水平，因此很难快速见效，但后两点，比如减少特殊服务，对不守规则者给予严厉惩罚，那么，社会必将越来越好。

2019 年 3 月 4 日

也谈中国人的信仰

外国人总说，中国人是无信仰的民众。那么，我们真的无信仰可言吗？如果我们有信仰，信仰的又是什么？

近期，西安奔驰女车主大闹4S店的视频新闻在网络上疯传，当事人的一句话令我印象深刻："这个世界还有天理吗？我就不相信这个天下没有说理的地方！"

结合这几日的思考，我不禁又思忖起有关中国人是否有信仰的问题。

我虽然对"先知"和"圣人"有一定的概念，但也到不了虔诚的地步。但总有一些，我们还是相信的，比如"天"。

可能很多人会觉得此言虚幻，难以量化，但正是这种不可量化，才会放之四海皆准。

天代表什么？绝大部分国人认为，天代表良知，代表正义，代表公平，代表真善美。在诸多文学作品和现实生活中，我们确实也看到有不信天者。但在中国传统文化的语境中，这些"我命由我不由天""胜天半子"之类多半没有好下场。这里要强调一下，天者绝非命者，命是许多不幸之人自我麻痹的虚幻概念。绝大多数中国人的信仰是，信天，但不信命。父母在教育子女的时候，于言传身教中，也把"天"塑造为一种正能量的象征，一条防止我们行差踏错的道德底线，正可谓"人在做，天在看"。在内心的最深处，我们相信这个世界大体是美的，这个社会也是善良且正直的。我们脑海里或多或少都存有"天"这样一个概念——得道多助失道寡助，行善者上天庇护，作恶者必遭天谴。

难怪奔驰女车主的金句中频频出现这个“天”字：“这世界还有天理吗？我就不相信这天下没有说理的地方。”与迷信无关，与道德无关，与社会制度无关，几千年来，我们就是一直这样认为的。

简单，直接！

这就是我们的信仰！

2019 年 4 月 17 日

谈一谈价值

首先说明一下，这篇文章讨论的是哲学问题，会略显枯燥和无趣，敬请谅解。

问题一：价值是什么？我们在分析问题的时候，总会犯一个因果倒置的毛病，也就是在问“价值是什么”的时候，经常会用“什么是价值”来回答。两者是有本质区别的。

价值是与生命对应的，是生命与世界的关联尺度。价值既是名词，可表现为意义、意识形态、社会关系等，也是形容词，可表明世界万物之于生命的关系。

万物皆有价值，但这个价值是针对生命而言的，这里所指的生命并不单指人的生命，泛指具有生物机能的生命体，就如在人类诞生以前有恐龙、恐龙以前有海洋生物、海洋生物以前还有单细胞生命体。可见，价值是伴随生命出现而诞生的。

我们在思考价值时，在一个主体的、人类的思考体系下，会说这个事情、这个物品、这个现象、这条知识对于人而言，有什么价值。此时的价值主体就是人。但由于生命是在人类诞生以前就已存在的，从这个角度出发，人类没有诞生前，万物也都有价值，但这个价值是针对其他生命体而言的，如阳光能让植物进行光合作用、水能养育生命。

如果弄明白了价值的概念，我们在接下来的各种关于价值的演绎和描述中将会轻车熟路。

再次重申，价值是生命与世界的关联尺度，可体现为社会关系，也可表现为意识形态，还能特指对于某种生命的意义和效用。

在人处于生命食物链顶端的时候，我们所指的价值是世界对于人类的意义和效用。需谨记，价值并非依赖人而存在，即使人类消亡，也会有另外一种生命体统治地球，届时，价值将由它们来进行界定。

这就是价值。

问题二：研究价值有什么作用？

由于我们在认识世界和理解世界的过程中，会遇到各种各样的问题和困难，而这些问题和困难都需要我们思考，并找出答案。这时，价值就发挥了作用。在我们清晰知晓了价值是生命与世界的关联尺度后，就会明了所有的问题和困难。如果用价值理论去思考，所有的问题和困难都成了针对某个主体暂存的现象。价值可以让我们更全面和深刻地认识这个世界。

2019 年 4 月 4 日

存在即有理

德国哲学家黑格尔有一句传世名言——存在即合理。我本人也人云亦云许久。但本着咬文嚼字的精神，窃以为，这句话应译为“存在即有理”，还应该在后面加上一句——有理非合理。

这句话出自黑格尔的《法哲学原理》，原文是 *Was vernünftig ist, das ist wirklich; und was wirklich ist, das ist vernünftig.* 对德文，我一窍不通，只是从各个译本中看到的释义是：“凡是合乎理性的东西都是现实的；凡是现实的东西都是合乎理性的。”

黑格尔是哲学界的泰斗级人物。这样一位业内大咖的理论是无法用三言两语就表述得清的，但至少就这句话而言，黑格尔想告诉我们的是，存在的东西都有其存在的原因及土壤，这是我们认识世界的一种态度，也即一种接纳的态度。由于中文的表意范畴较广，“合乎理性”这四个字就被许多人简称为“合理”，这实在是混淆视听、误导大众了。

合乎理性，可用“有理”这个词来表述，有理是表明“有存在的道理”。所谓合理，在中文的语境里是“合乎道理且应被认可和推崇的”，但有理的东西并非都合理。这可以用很多现象来表述，如假冒伪劣商品、山寨产品、低品质低价商品等，这些商品和服务一定有其存在的土壤和环境，也就是消费者的消费需求还停留在最基础的更便宜、更多的环境体系中，而且消费者不具备识别商品品质的能力，社会监管及社会环境也对这些低质低价商品没有完善的监管制度，导致在利益驱动下，低质低价商品得以存活。我们绝对不会认可这些商品永远存在下去，在经济进步的同时，商品品质一定会逐步提高。还有贫困问题。贫困户既然存在，一定有其存在的原因，而且原因会各有差异，最为典型的莫过于因信息闭塞和缺乏交换市场体系，导致贫困户无法通过劳动创造自我价值，这样的贫困户是需要帮扶的；但也有一些贫困户，其贫困原因是好吃懒做、好赌好毒，对这样的人来说，扶贫简直是助纣为虐。

存在即有理，这是我们认识世界和接受世界的一种世界观。但更需要知道的是，有理非合理。也即这世界还有很多缺陷和不足，有许多值得改进和提高的地方，我们如果能不停地思考并付诸行动，那么，就有可能让这个世界变得更加美好——这是一种生活态度。

黑格尔还说过这样一句话：“一个民族有一群仰望星空的人，他们才有希望。”

存在即有理，有理非合理！

2019 年 4 月 6 日

评爱国

如何为“爱国”释义？借用一位同学的表述：为中国的繁荣富强做贡献，维护中国主权、利益，传承中华文化，向全世界弘扬中华精神文明。

评爱国，那么，首先需要搞清楚“国”是什么？

国家是由领土、人民（民族，居民）、政府三个要素组成的；国家也是政治地理学名词。从广义的角度，国家是指拥有共同语言、文化、种族、血统、领土、政府或历史的社会群体；从狭义的角度，国家是一定范围内的人群所形成的共同体形式。

如果再深入下去，你会发现其实政府是由人民造就的，或通过选举，或通过其他形式形成的维护国家权益的团体。目前，无论资本主义社会，还是社会主义社会，都十分看重人民的利益。《荀子·哀公篇》有云：“君者，舟也；庶人者，水也。水能载舟，亦能覆舟。”

再看看当下社会，海尔、华为等公司有很多海外科研基地和生产销售中心，不乏大量外国人在此工作。你能说他们不代表中国吗？伴随科技日益进步，地球越来越小，经济全球化导致领土的含义发生了巨大变化。从某种角度而言，领土是人民生产生活的实现基础，但一个远在万里之外的中国人依然可以为祖国贡献自己的力量。浩瀚宇宙中，中国宇航员所处之境当然更谈不上领土，却实实在在彰显了中国之威，也让爱国人士心潮澎湃。也许再过 20 年，世界为一家，或者人类已可移民火星，那时，国家的定义必然会再一次发生改变，领土将不再被列入国家的含义中。所以，就这个逻辑而言，国家就是人民。爱国，就是爱人民。

人民的含义也过于宽泛，每一个个体都属于人民的一份子，对我们而言，最容易实现的爱人民，首先是从爱自己开始的。

自尊、自爱、自信、自强，属于爱自己，属于爱人民，属于爱国。对于当前之社会，信息泛滥成灾，各种论调、观念层出不穷，爱自己，便要对任何事件、任何言论给出自己的态度和观点，切勿被一些有毒的舆论所诱导。我深信马克思所说的那句——“怀疑一切”。所以，当你看到我所写的这段文字，也应该抱有怀疑的态度，因为我开篇就已经强调了，这是我所理解的爱国。

最后用约 2300 年前孟子的一句话结束本文：民为贵，社稷次之，君为轻！

爱国，从爱自己做起。

2018 年 6 月 10 日

谈敬业

快乐工作、快乐生活，这是十年前我做项目销售管理者时给部门员工强调的工作理念。

十年，居然一溜烟似的飘散去了。

现在，让我们拿出谈恋爱时的心劲和热情，谈一谈“敬业”这个话题。

近来，网上热传几篇文章，如“许家印工作到凌晨三点”“朱荣斌一年飞行200余次”或是某某高管如何如何爱岗爱得不要命，云云。随后便是站在道德制高点上，谆谆教诲网民们：比你牛的人都这么拼，你还好意思睡懒觉?

每当看到这样的文章，我就会生出急欲反驳的冲动。既然是谈敬业，就不应该以偏概全，看问题一定要全面。

让我们先看一条新闻：前南京万达茂总经理徐毓女士于6月5日自杀身亡，年仅44岁。身为一个成功人士、一个慈母，缘何看破红尘终结自己的生命？此外，媒体隔三岔五地便能爆出某某高薪阶层工作猝死的消息，令人不胜唏嘘。

爱岗敬业本是美德，是富有责任心的一种体现。但可怕的是，这一美德已遭到大量的误读，相当一部分人，甚至很有权威的媒体竟武断地把无休止的加班、出差、日夜颠倒作为敬业与否的参考指标。诚然，当下社会似乎没有压力小的行业，业绩当道，没人在意努力的过程，只索要结果。但经营不易绝不能成为无下限剥削员工劳动的理由，没有人道主义的关怀和体恤又有什么资格要求员工舍生忘死地投入工作？我还记得去年国家要求所有企业要落实员工带薪年假的福利政策，确实也执行过一段时间。可现在居然有公司明目张胆、堂而皇之地要求每周六天工作制，更有甚者倡导一周工作七十二个小时。对这些企业来说，《劳动法》形如废纸。然而，除了上述如徐女士般的过激人士，更多劳动者选择了沉默，选择了妥协。

这个社会究竟怎么了？

我们确实比以前有钱了，代价则是牺牲我们自己的时间。这已不再是少数几家企业的问题，而成为一种常态。在没有认真尊重劳动者，没有合理有效的保障劳动者权益以前，谈敬业就是个笑话。工作只是生活的一部分，而且应只占一小部分。

切记，只有充分地尊重劳动者的权益，敬业才是一个可倡导和推崇的核心价值观。

2018 年 6 月 11 日

言友善

友善，人与人之间的亲近和睦。这是一种人生观的体现，倡导的其实是一种为人处世的态度，与人为善，与己为善。

记得之前和同事聊天，谈到有关哲学的问题：我是谁？我从哪里来？我将到何处去？当时，我回答，如果从唯心主义的视角说，三个问题的答案依次是：我是全世界；我从来处来；将到去处去。后两个问题还有一种答案：我从哪里来，不关你事；我将到何处去，关你何事！虽然意思一致，但前一种回答方式就柔和友善些，后一种就稍显不逊，但也不失真实。

友善不光是一种生活态度，也体现在你的言谈举止上。礼貌、守序、冷静、谦让都属于友善的范畴。多数时候，社会并不平等，也谈不上公正，但无论怎样，我们至少能做到对自己诚实，自尊、自爱、自信、自强。我们无法要求别人怎样，无法强求社会怎样，但只要我们自己保留友善，这个社会也会为你另辟一条虽然难走，但会很宁静的崎岖道路。人生的价值也在于你征服崎岖道路的这个过程。

批评别人时，先换位思考，这是与人为善的第一步。安排工作时，也需要想得更多一点、更细一点。遇到不平时，要有勇敢的心，根据现实做出反映内心真实想法的行为。这看似被抹掉了一些锐气，但你的内心依然是棱角分明的。身处困境时，务必保持冷静克制，发挥思考的价值，找出解决的办法。

这个世界大体是美好的，好人更多些，但歹人也确实不少。朋友来了，有美酒，若是那豺狼来了，迎接他的有猎枪。豺狼还不算可怕，怕的是伪装成朋友的狐狸，你只需用双眼直视他，看进他的内心，让所有的伪装不攻自破。

友善，最关键在于，与己友善。当你失败或受挫时，只需记住，过去的终将过去，这些失败和挫折在未来都是一笔宝贵的财富，无论遇到何种不幸，都不要以自杀这种愚蠢的极端手段应对。最后，用苏东坡的一首《定风波》结束此文：

莫听穿林打叶声，何妨吟啸且徐行。竹杖芒鞋轻胜马，谁怕？一蓑烟雨任平生。

料峭春风吹酒醒，微冷，山头斜照却相迎。回首向来萧瑟处，归去，也无风雨也无晴。

2018 年 6 月 16 日

周年记

一年前的今天，我在公众号“果果的尝识”上发表了第一篇文章《初心》，至今，已过去了365个日夜。

在我的老家云南文山，每个孩子周岁的时候，家里会进行一个比较有意思的仪式。人们会在地上放上一块很大的布或草席，把诸如算盘、书本、纸币、钢笔、青蒜、红鸡蛋、糕点、葱、衣服等物品依扇状摆开。再把宝宝安置在扇形的圆点，让孩子自行选择想要的物件，无论哪种物品被选中，家长们都会奉上相关的吉利话。比如，选了鸡蛋的，就说这孩子有福气，今后不愁吃喝；选了葱，就说孩子聪明，日后肯定有本事；选了衣服，就说孩子以后能穿锦衣，福气满满；选了纸币，以后当然就是个有钱人；选了算盘，说明孩子以后很会算账，不会吃亏；选了书本，以后自然就是文化人，满腹经纶……这个仪式被称之为“抓周”。可以说，抓周是一个给予祝福及让家长怀有期待的仪式。

“果果的尝识”今天也满周岁了。它可不会抓周，但我也是把它当成自己的孩子来养育的。我相信公众号也是有生命的，它必会拥有自己的感知和意识。那么，借此机会，就把这篇具有纪念意义的《初心》中有关该公众号由来的文字摘录一下：

我为什么想做这样一个公众号？

通常的答案是：第一，想出名；第二，想变身文化人；第三，希望能将所学、所思、所想记录下来，若对大家有所帮助，也算是一种小小的成就感。

那么，为什么要叫“果果的尝识”？果果是我闺女的乳名，无须解释；重点说说“尝识”，包含以下三个意思。

其一是尝试。我希望能将复杂难懂的经济学知识做一个白话讲解，让普通人也能大致了解，为己所用。

其二是常识。我经常关注网络上的各种经济报道，如央行降准、金融监管要求穿透、汇率上升、证监会暂缓执行注册制、房地产税立法等。很多老百姓觉得这些和自己没半毛钱关系，其实，这是一种误解。任何经济政策的出台与我们都休戚相关，我希望能充当一个翻译官，将难懂的经济政策和经济类报道挑选一小部分做粗浅的“翻译”，让大家看得明白；同时，会引用一些已经被论证并被认可的经济学常识，加深大家的理解。此外，目前还有一些专家的研究脱离了大众关注及民生，有些复杂的论断甚至违背了最基础的经济学常识，我感觉有必要对这些错误的论断做一些力所能及的矫正。

其三是尝识，即品尝知识。如今，手机里的信息铺天盖地，三万公里外发生的事情，三分钟后就可以在网上找到相关报道。信息爆炸的时代，我们几乎难以甄选有价值的内容，更谈不上去好好品尝这些知识了。因此，今日头条、知名微博和微信公众号应运而生，成为我们获取信息的主要途径，但也仅仅是个途径。知很多，识太少，很多信息不到24小时就被排山倒海的新信息替代了。现代人感觉自己似乎无所不知，其实，绝大部分是一无所知。海量的信息无法得到良好的消化，反而让人感到无所适从。我不希望这样。但愿这个公众号可以成为帮助大家消化知识的胃袋，通过细嚼慢咽，慢慢品尝，让“知”变成“识”。这是“果果的尝识”其名第三个含义，也是最重要的一个。

一年过去，公众号累计推送了275篇原创文章。但与开号的初衷有所不同。一部分经济类事件的确很容易找出其谬误之所在，由于自己在经济学方面尚有诸多不足，而且还找不到更好的答案，不敢做出贸然的评价，所以近乎一半的文章是偏文学和时事评论类的。正如抓周一般，大部分孩子成长后的发展轨迹和一岁时的选择大相径庭。

不止一次有朋友问我，这个公众号的发展方向，现在信息铺天盖地，没有人，或者说，很难有人会关注一个陌生人流水似的记录，希望我能更专业、更专注一些，这样，才有可能提高热度和人气。我十分感谢朋友的好意，之所以再将以上文字摘录出来，就是想表明，“品尝知识”是我最看重、最花心思的初衷，哪怕关注量没有增长，只要这个公众号存在，我会一如既往地把自己的所学、所思、所想整理出来，等果果长大了，她可以在这个公众号上，学到一些知识。

借用电影《无问西东》中的一句话结束此文吧!

愿你在被打击时，记起你的珍贵，抵抗恶意；愿你在迷茫时，坚信你的珍贵，爱你所爱，听从你心，无问西东!

2019 年 3 月 29 日

浅谈中国建筑的DNA

有朋友希望我能对中国建筑进行一些关注及研究，看看能否整理出中国建筑的DNA。作为从事房地产行业近20年的人，也作为一个对美、对中国建筑情有独钟的写作者，也觉得有必要花一些时间，研究一下中国的建筑。

要归纳中国建筑的特点，必须结合中国的文化来思考。建筑其实就是一种符号，一种国家文化的外在表现形式。在思考我国的知名建筑时，脑海里率先涌现的是故宫、祈年殿、黄鹤楼、赵州桥……而对应的西方建筑，则想到金字塔、埃菲尔铁塔、科隆大教堂、自由女神像、圣米歇尔山城堡等。

先说说中国建筑的几个特点。

方与圆

中国建筑最明显的特征就是方和圆，追求外形对称、方正、圆润，这似乎印证着国人普遍追求的外圆内方的精神信仰，比较像太极中的黑白，在方与圆的反差中寻求一种和谐。

石、木、竹

中国建筑第二个较为明显的特征是用料，即以石头和木材为主，后者占比更多。国人对木材使用是精细巧妙的，且独步世界建筑之林的。我们的榫卯已有数千年历史，哪怕现在科技再发达，这种简单却实用的连接方式依然被广泛使用，彰显着中国古老的文化和智慧。当然，从耐久的角度考虑，木质结构与西方的石材结构是存在一定差距的，这也是中国在维护古建筑方面成本远超西方的原因。但若说中西方在用料上最大的差异，还不是石木之争，而是竹。国人对竹的青睐由来已久，梅、兰、竹、菊人称“四君子”，是国画中的传统寓意纹样，具有浓厚的文化底蕴和精神内涵。与竹相关的诗词更是层出不穷，如“宁可食无肉，不可居无竹”“新竹高于旧竹枝，全凭老干为扶持”“依依似君子，无地不相依”……竹是中式园林的标配，无竹则欠缺灵性及高洁之雅，这一点是西方建筑所不及的。西方的建筑之美大多来自建筑本身，与之相携的园林小品对其似乎可有可无，但于中国建筑而言，则像轴与轮，相辅相成，缺一不可。

适用兼顾美观

中国建筑追求实用，兼顾美观，上述的“方正”“对称”“对木质结构的独钟”都能表明这一点，即怎么舒服怎么来，无论是视觉方面，抑或入住体验。而西方建筑首先追求的是美观，兼顾实用。我们看到许多西方建筑无论从造型、用材、结构上都美不胜收，但若说实用性，个人认为，还是中国建筑更胜一筹。此点在2008年奥运场馆的设计上体现得尤为明显。鸟巢虽融入了中式元素，但从文化角度看，更符合西方建筑之精髓，而水立方则更多体现了中国建筑之美，更简单，也更实用。

总而言之，中国建筑追求大道至简，而西方建筑追求美的纯粹。

包容之美

中国经典的古建筑多是供民众使用，而西方的经典古建筑超过一半是各种教堂或神庙，用来传经布道。而且，中国建筑更多位于城市的繁华之所，而西方建筑则有一些是布局在僻静的山水之间。包容性是中国建筑区别于西方建筑的另一大特征。

综上，对方与圆的外形追求、对木与竹的情有独钟、实用兼顾美观的理念，以及包容之美这四点是我眼中中国建筑的主要特点，至于什么才算得上中国建筑的DNA，见仁见智吧！

2019年4月23日

伍　学而时习之

穷病有药吗：《我不是药神》之观后

《我不是药神》确实是一部良心佳作。

影片情节不算复杂，一个潦倒的中年男人程勇靠倒卖印度神油度日，由于生意不景气，抑或其他原因，妻子离开了他，还要将孩子带出国，家中还有一个瘫痪在床的老父亲。一天，一个白血病患者找到他，托他到印度购买低成本的盗版抗癌药——格列卫。迫于生计，程勇接下这单生意，而且先收款后办事。

影片前三十分钟讲述了一个落魄中年人偶然觅得商机，并通过走私倒卖印度格列卫实现致富的传奇。随后，职业药贩子张长林出现，让片子有了第一个高潮。居于利益原因，张长林通过威逼利诱迫使程勇放弃卖药行为，在小店里吃火锅的场景将一个爱财、胆小、自私的程勇展现得淋漓尽致。而黄毛、辣妈、牧师，还有求生愿望强烈的婴儿父亲的离场，无不让人心灵为之一颤。一年后，程勇成了服装店小老板。接着，由于张长林跑路，断了印度格列卫的来源，王传君饰演的白血病患者不治身亡。程勇从灵堂出来看到一群自发来祭奠的病友，面对数之不尽失望和期望的眼神，他的内心经历了一场巨大的震荡。当病患家属推开程勇递出装钱口袋的一刹那，戏里戏外的人们均深刻体会到了金钱在生命面前的渺小和乏力。程勇决定重操旧业，继续售卖印度格列卫，而且是以成本价销售。数千名白血病患者再次看到了生命的曙光。

若评选片中观众最不齿之人，格列卫的中方医药代表必定入选，他固然是现实中代表知识产权、受保护专利，并高智能的化身，同样也代表了现实背后血淋淋的人性和资本的贪婪。一瓶成本不到人民币 500 元的药，居然售价

37000元，可获取接近80倍的利润，恐怖至极，穷人已不配生病。

影片最后，程勇因走私、贩卖假药等罪名被判刑5年，后减刑2年。出狱时，他的前小舅子，周一围饰演的警察来接他，并告知格列卫已被列入医保名单了。事实上，由于各种复杂的原因，我国尚有大量人群无法享受医保。所幸，这一状况已经慢慢好转。

整部影片笑着开场，哭着离场。让观众深刻体会到疾病可以轻松地拖垮一个家庭，知识产权和受保护专利带来的高昂费用又剥夺了大量贫穷病患接受救治的权利。而法理、情理，以及人性的冲突，也使这部现实主义力作更具说服力，接地气。

片中，恶人张长林贡献了令人不寒而栗的金句："我卖了这么多年药，发现世界上只有一种病——穷病！这种病你治不好，也治不过来。"贫穷，令人羞耻，也令人无奈。所幸，它也令人发奋，能够激发我们改变现状的勇气。

《我不是药神》，一部良心的好电影。但愿中国电影人能拍出越来越多反映现实、触及世人灵魂的深刻佳作。

2018年7月8日

一出好戏，9分：《一出好戏》之观后

无论在哪里，拍电影都是一个高风险职业，伴随高风险的，必然是高收益，当然，也有不少属于赔本赚吆喝的神剧。

近期上映的影片，无论是《芳华》《我不是药神》《西虹市首富》《一出好戏》等，我都觉得挺精彩，换言之，已经有越来越多的好剧本、好导演让观众产生共鸣，票房与口碑日益匹配，这是中国文化产业的一个大进步。

回到《一出好戏》。王宝强、于和伟、黄渤、张艺兴四位演员的用心表达，将本有瑕疵的剧本展现得近乎完美。

小社会更能体现大现实。面临生死存亡之际，求生本能让人们变得愈发团结，并充分信任领头人的智慧，尽管在前一刻大家还视其为“小王八”。此时，维护次序的方式也很简单，就是丛林社会中的“强者为王，依靠武力”，即原始社会和奴隶社会的结合产物。

生存下来后，于和伟饰演的张总洒下一番鸡汤和豪言，拉拢了十余人离开大团体，到一艘破船上自立为王，还用扑克牌建立了更为“公平”的社会秩序，由此进入“封建社会”。张总凭借资源和手里的扑克牌，成了该时期的“帝王”。

无论在哪种社会，总有对现实不满之人，马进就是这样一种存在。剧本最值得称道之处就是，马进就是一个普通人，起初的不满是因为自己迫切需要离开小岛，不能听从调遣，结果招来的自然是嘲笑和体罚。而当其得知“封建社会”的“帝王”也并无真心想离开小岛的意图时，逃离成为他的一种选择。由于“社会”已经进步，当他再向“帝王”讨要渔网求生之际，得到的是比奴隶社会更为野蛮、残忍的毒打。

电影似乎在告诉我们，剧本终究是剧本，当天上下起鱼雨时，观众恍然大悟，这是虚幻的现实，也是现实的虚幻。凭借鱼这样的紧俏资源，通过资源交换、运筹帷幄，结合科技实力，马进最终利用“封建社会”与“奴隶社会”的冲突，接管了这个无序的社会，而扑克牌就像货币一般，继续维持着社会的稳定。

当第一任王和现任王同时发现每十二天就有轮船经过时，信仰被打破。此时，利欲熏心的小马接管了社会。所幸，他还没有坏透，只是利用信息的不对称性，希望能快速致富。而这种观念其实在当下之社会，也植入了一部分人的灵魂中。

什么是真实？当片中主人公手握火把，提出这个问题时，我觉得这固然是一个带有瑕疵的剧本，只因这句点睛之笔，也可以加分不少。

的确，什么是真实？我们的财富真实吗？我们的理想真实吗？我们的生活真实吗？我们自己，真实吗？

一出好戏，的确是一出好戏！

2018 年 8 月 19 日

没用的阿吉：《三少爷的剑》之观后

央视六套播放了影片《三少爷的剑》，改编自古龙小说。观后，感触颇多，是以为记。

谢晓峰、燕十三，二人均是天赋超高的武学奇才，一个出生于高门大户，一个流落在市野陋巷。谢晓峰固然衣食无忧，却做了很多情非得已之事，双手沾染颇多冤血。于是乎，他逃离了，变成一个没用的阿吉，不再使用武力，哪怕被人连刺四刀。燕十三呢？心中的目标明确，拼命习武，为的是有朝一日战胜三少爷，活得反倒十分充实。然而，当他听闻三少爷已死后，心中的目标突然坍塌，生活于他仿佛也失去了意义。于是，他试图寻找一处山野之地，等死。

我少时爱看小说，尤其武侠小说。小学四年级第一次看《飞狐外传》，后来陆续把金庸的作品都看了，包括“射雕三部曲”、《天龙八部》等，尤其《笑傲江湖》深得我心，当时就觉得以后要做令狐冲这样的不羁之人。

后来，我接触了古龙、梁羽生、温瑞安的小说，觉得古龙小说似乎有些深奥，不太容易看懂。但伴随年龄的增长，反倒越来越能明白古龙的创作深意，包括《七种武器》、《多情剑客无情剑》、陆小凤系列、楚留香系列等，以及这部《三少爷的剑》。

无用的阿吉冷眼旁观凡人世界，桀骜不驯的燕十三则一改往日冷漠杀手之本色，做起行侠仗义的事情。而坏事做尽的魔尊竟是武林公认的君子之家慕容世家的大弟子，且背后的主导者居然是与谢晓峰青梅竹马的慕容秋荻，世事果然难料。

谢晓峰最终比武胜过了燕十三，燕十三也以死亡收尾，而三少爷最终隐名于江湖，江湖上则多了一个行侠仗义的燕十三。

“尊卑贵贱谁也改变不了，太阳本就高挂于苍穹之上，何必非要拉到淤泥里！”

“人生总得做几件愚蠢的事。”

“煮茶的人并不一定是喝茶的。”

2018 年 8 月 26 日

只因没有棋逢对手：《海王》之观后

若论 3D 电影中的翘楚，那么，《阿凡达》就像李昌镐之于围棋界、乔丹之于篮球界、费德勒之于网球界，具有压倒性的优势。

九年的时间瞬息而逝，科技始终持续向前，电影特技亦随之破旧立新。然而，迄今为止，我依然找不到第二部可与《阿凡达》一较高下的 3D 作品，无论《复仇者联盟》《星球大战》，抑或《变形金刚》。

还好，这部《海王》有了那么一点追赶《阿凡达》的意思，虽然故事逻辑略显混乱，情节也不是那么通顺，所幸，电影特效方面令人惊喜，可与《阿凡达》相提并论。

纵观 2018 年电影市场，国产影片有了长足进步，无论是拷问人心的《我不是药神》、热血沸腾的《红海行动》、热闹推理的《唐人街探案》，抑或荒诞不经的《西虹市首富》，均在票房号召力方面延续了《战狼 2》的佳绩。好莱坞大片则乏善可陈，几乎没有让人眼前一亮或看后大呼过瘾的作品，直至看到这部壮丽的《海王》。

影片讲述大海深处的亚特兰蒂斯国女王，在一个神奇的情境中结识了一位灯塔看守人，并互生情愫，诞生了跨种族的、具有亚特兰蒂斯王族血统的亚瑟。伴随人类对海洋的日益侵扰，以及亚瑟同母异父兄弟的野心，一场海洋与陆地的世纪大战即将打响。此时，海底七国中的一位公主为挽救生灵，到陆地召唤亚瑟运用自己亚特兰帝斯王族的身份，去力挽狂澜。于是，年轻的亚瑟在历经各种磨难后，终于拿到象征海王权力的魔力三叉戟，并用其将自己的同胞弟弟击败于众海族面前。亚瑟拯救了人类，也拯救了海族。

故事延续了略显乏味的传统美国式的英雄主义风格。海族与人类的结合体亚瑟具有天生神力和特异功能，因其亦是凡人之子，也会具有恐惧和退缩之心，但影片主创人员并未对此提供更深度的解读，对英雄成长的心路历程几乎是一笔带过，使亚瑟王的形象过于刻板简单，致使某些情节缺乏说服力。这也是本片距离经典尚有距离的主要原因。

说回近十年来最经典的 3D 影片《阿凡达》。由于饱满的情节、用心的构图、纯熟的拍摄技法，造就了至今难以超越的传奇。《海王》尚可一看，但仍算不上经典，只因没有棋逢对手，反成就了《海王》的良好口碑。

希望中国的电影产业能在不久的将来，诞生类似《阿凡达》这样的经典影片。

2018 年 12 月 8 日

希望：《流浪地球》之观后

终于把近期口碑、票房均炸裂的《流浪地球》看完了，如果用最简洁的语言表达我观后的心情，便是“谢谢”。

谢谢刘慈欣，提供了烧脑且突破思维极限的原创小说及剧本改编；谢谢郭帆，拍出了能与好莱坞抗衡的科幻大片；谢谢吴京，是他的雪中送炭成全了这部力作的出炉，让我们能感受一把国产特效电影的风采。

一部好电影离不开监制、编剧、导演三大砥柱的共同努力。《流浪地球》很巧妙地将时间移至 2057 至 2074 年。那时的地球因受到太阳内燃能量的冲击，气候发生恶劣变化，人类不得不齐心协力运用全球智慧，在地球向阳一面安装了过万个超能发动机，希望能把地球推出太阳的引力场和辐射范围。在此过程中，受太阳系中最大行星——木星的引力作用影响，地球偏离了轨道和方向。拯救地球，成为人类必须执行的一个最重要，也是无法放弃的任务。于是，来自不同背景下的一群人在阴差阳错的各种巧合下会聚一堂，成为拯救地球的英雄。

影片非常精彩。如果让我评选近十年的经典影片，能出其右者的也只有《阿凡达》了；如果再评选近期最优秀的国产影片，《流浪地球》绝对是不二之选。当然，影片也并非无懈可击，我认为最大的瑕疵还是来自 3D 技术的逼真度，也可能是最近 3D 影片看得多了，总感觉影片中的特效画面不够震撼，甚至从某种角度说，《战狼 2》的 3D 效果在部分场景上都强于本片。再者，情节的跳跃性过大，由小说改编为影片，最难的就是做减法，而由小说原作者来担任编剧，必然会在执行方面大打折扣，原本超过 3 小时的故事情节，不得不压缩到128分钟，也委实难为了剪辑。正因为刻意压缩了影片时长，导致部分情节略显唐突和单薄。当然，瑕不掩瑜。

无论如何，《流浪地球》犹如一剂强心针，终于让国人自豪了一把——我们也能拍出能与好莱坞大片比肩的科幻大片了。希望再过些时日，类似《战狼2》《流浪地球》这样级别的国产影片能陆续出现，让国人能在家门口，听着母语，观看牛气冲天的大片。

最后，引用片中人物韩朵朵的台词作为结语：

希望是什么？希望是这个时代像钻石一样珍稀的东西。我们需要拥有它！

好影片，值得推荐！

2019年2月7日

人生如梦：《新喜剧之王》之观后

影片的最后是颁奖典礼，电影节最佳女主角得主是——如梦！

然后，一个和如梦类似的群众演员，问她："我想当一名演员，我会成功吗？"如梦看了看她，很直白地回答："你永远都不会有机会，直到宇宙毁灭。"又问她，"你接下来会怎么办？"群演回答："那我还是回去种地吧！""不！你不应该在乎别人说什么，你应该坚持自己内心所想的，你会成功的！"如梦道。

字幕出现，全片结束。

这是周星驰2019年的贺岁片，《新喜剧之王》的最后三分钟。影片评分似乎不高，但我被感动了。剧中女主角一而再再而三地失败，被蔑视，被嘲讽，被耻笑。她始终坚忍着，即便遭男友欺骗、女友抛弃，甚至被某知名导演火辣辣地嘲讽……在她决定放弃的那一刻，又是如此的安静、如此的从容、如此的苍白。

影片最后由于男二号王宝强的穿插，让女主角有了咸鱼翻身的机会，得以主演周星驰的女一号，并最终获得电影节最佳女主角，但这些成果被周星驰轻描淡写地一笔带过，他更想展现的是成名前的那个打不死的"小强"，那个饱尝人间冷暖却不愿放弃梦想的群演。我想，假设没有主角咸鱼翻身的结局，电影会显得更为真实，可那样的话，这就不是具有娱乐性的电影了，而成了冷静客观的纪录片，又如何激励人们天天向上，有志者事竟成？但我觉得，这都不是周星驰最想表达的。

片中可以看到许多走心的片段，如女主角的合约骗子男友说，"我们都有一双眼睛，凭什么白雪公主就不能是你？”结果，女主角去试镜白雪公主时，正好有人在翻一本杂志，金刚也有一双眼睛，而金刚后面就是一个美女，她也有一双眼睛。再比如女主角那个叫小米的闺蜜，在试片获得女一号时的各种丑态，将小人得势的一面表现得淋漓尽致、活色生香。周星驰就是周星驰，他的用心及对待影片的认真态度是观众们有目共睹的。

如果说，《流浪地球》让人心潮澎湃，内心翻涌出国之骄傲和自豪，那么，周星驰的新片则像一杯涩涩的苦瓜汁，并非人人都爱喝，却真实而通透。谢谢周星驰先生，也谢谢把群演演活的女主鄂靖文女士。

这是一部好影片，值得观赏。

啊！人生如梦……

2019年2月16日

爱你所爱：《飞驰人生》之观后

《飞驰人生》最后的镜头是主人公在加满油，以第一的成绩冲过终点后，由于刹车及转向失灵，汽车飞向大湖。由于主人公生死未卜，我第一次在电影院看完影片结束长达 4 分钟的字幕。最后，韩寒依然把问号留给观众——活着，还是死去，这是个问题。

这令我想起《雪山飞狐》的结尾：胡斐到底能不能平安归来和她相会，他这一刀到底劈下去还是不劈？

《飞驰人生》的剧本很简单。一个拿过五次赛车冠军的人，因考虑给孩子办理入学及户口问题，答应与人飙车，结果被警察逮个正着，禁赛五年。五年后，一颗不羁的心希望重回赛场，证明自己依然雄风不减，遂见证了人情冷暖，看清了社会众生相，其中的一句台词十分经典：“一个成年人的崩溃是从借钱开始的！”

经历种种磨难后，在比赛前一天，他还因运输赛车的货车失控，导致赛车被毁。就在这个老司机即将放弃之际，其最主要的竞争对手帮了他一把，通过最好的维修设备，令他得以参赛。最终，他以 59 分 56 秒的成绩冲过终点，生死成为悬念。

片中演员亦不多，也没安排阴谋、灾难等刺激观众神经的狗血元素。最为奇特的是，全篇几乎没有女性角色，但韩寒不在乎这些，他更想讲述一个赛车手最真实的生活，没有编撰，亦无添油加醋，无须粉饰，也不做任何删减。也许，在韩寒的心中，一个优秀的赛车手是不应为儿女情长所牵绊的。从赛车专业角度看，片中加入了许多赛车用语，包括各种配件的术语，可见主创们是走心的；但从电影艺术角度看，仍欠缺很多，因而影片评分不高。如果以影评人的眼光看，《飞驰人生》和《新喜剧之王》一样，都带有强烈的导演烙印，所表现的都是创作者较为主观的理念。

生活本就没有那么多绚丽多彩。如果你心里没有灰色，这世界便也就不会呈现灰色。生活原就该简单、干净、清新，这样不是很好吗？

热爱你的热爱吧！

Heroes never die!

英雄永不灭。

2019 年 2 月 19 日

大师就是大师：《阿丽塔：战斗天使》之观后

总算把热气腾腾的《阿丽塔：战斗天使》给看了，从电影院出来，仍直呼过瘾。

影片开始就是2526年。在2226年前后，火星联盟组织与地球统治者之间爆发了一场宇宙大战。这次大战中，地球统治者获得胜利，最终把一部分人安放在天空之城——撒冷，而平民百姓及多数类人机械则留在地球上生活。地球作为撒冷的殖民地，为其提供能源、商品、服务等。经过此役，人类生活的城镇已变得荒芜，且充满了仇恨和邪恶。一个医学博士在撒冷丢到地球的垃圾堆中，意外发现了阿丽塔（只有一个头颅和心脏，躯干全部损毁）。他将阿丽塔带回医疗室，并将给自己女儿准备的躯干、具有脑电波意识的头颅和心脏组装在一起。于是，一个300年前火星联盟战斗力超强的女性诞生了，但她已找不到属于自己的记忆，医生就将已故女儿的名字——阿丽塔赋予了她。

随后，阿丽塔认识了一个一心向往撒冷的男主人公雨果，并在机缘巧合下，发现了自身具备的非凡战斗力。很快，阿丽塔发现掌控地球居民次序及规则的是天空之城的主宰——诺瓦，他安排傀儡来统治地球，并源源不断为撒冷提供服务。在这一过程中，她进入了宇宙大战后某个火星联盟的飞船，并带回了更适合自己的躯体。阿丽塔凭借勇气和爱感染了身边的人，包括一心希望去撒冷的雨果，还有阿丽塔的母亲，以及她所认识的大多数人。

影片95%的篇幅都在体现留守地球者形形色色的生活，满目冰冷坚硬的钢铁质感，只有很短的几个片段展示了火星联盟飞船残骸中的绿色，以及花草树木。各种对抗与冲突的情节占到影片的三分之一，场面绚烂精彩。又因为影片改编自小说家木城雪户的经典原著《铳梦》，再加上天才导演卡梅隆超过10 年的创作打磨，令整部影片的呈现饱满而充实。观后，使人生出迫切观看第二部、第三部的念想——300 年前的宇宙大战究竟是怎样的？天空之城撒冷中究竟是怎样的？阿丽塔的原始身份究竟是什么？还有，影片中最大的反派诺瓦究竟是什么身份？

总之，如果说《流浪地球》让我看到中国电影的进步，那么，《阿丽塔：战斗天使》则让我想说：大师就是大师！若从剧情、3D 效果、拍摄技巧等多方面看，《阿丽塔：战斗天使》排名第一，比《阿凡达》厉害，《流浪地球》还算是小辈。

补充一下，卡梅隆早在 2005 年就买下了《铳梦》的电影改编权，不可不谓是远见卓识啊！

2019 年 2 月 23 日

爱情可以永恒吗：《从你的全世界路过》之观后

“爱情是什么？”

“因为爱，而搞出了好多的事情。”

“我是幺鸡，是麻将牌中最小的那张。”

“对，你是最小的那张，但没有你，可胡不了十三幺的。”

这是电影《从你的全世界路过》中的几句台词。其实，片中充斥着很多像这样很文艺的对话、很精彩的自白、很哲理的故事。

燕子、小蓉、荔枝、幺鸡，四个完全不同的女生，演绎出四段完全相左的爱情。影片的巧妙之处是把这四段不相干的爱情故事，通过一个小屋、一个电台串联到了一起。

主人公陈末有些类似魏晋时期的文人，追逐自我，强求爱情。正是他的强求，令与他心心相印的大学恋人小蓉心灰意冷，选择放弃。她觉得那种不沾染人间烟火的爱情是无法持久的。换言之，小蓉的爱情输给了现实。而片中最让人心疼的一段爱情来自茅十八与荔枝，一个不会撒谎的理工男、一个直爽到颇显豪迈的女警。他们的爱情在稻城的蓝天白云下，显得那么干净，那么纯粹，那么美好，然而，这样美好的爱情终因一群社会小混混的不良表现，变成悲情。这似乎也是作者非常想表达的主题——美好，终归是不可持久的。第三段爱情则显得有些逻辑混乱。校花与单恋者的感情纠缠了八年，从象牙塔内延续到纷繁的社会。我设想不出他们的开始，结局却忠实于现实主义。几年后，校花回国，与呆子谈分手，可呆子终归是呆子，居然跑到校花曾去过的国家做起了厨子。最后一段故事中，在社会到处碰壁、对生活几乎失去信心的女生幺鸡，在听到陈末的节目后，又萌生了继续活下去的信心和勇气。在知道陈末的人生因失恋又变得黯淡之际，她希望通过自己的努力，令他重整旗鼓。于是，她想方设法以一个又傻又呆又笨，还挺天真的菜鸟形象出现在陈末面前。然后，便出现了本文开头的那些对白。她还陪着陈末、茅十八和荔枝到了稻城，参与了茅十八那场浪漫得接近虚幻的求婚典礼。正因这次稻城之旅，陈末对小蓉的那份痴情昭然若揭。大家不约而同地想到，最真的爱情就是让自己所爱的人幸福。幺鸡拜托茅十八一起设计了一场浪漫的爱情回忆。当她看到陈末和小蓉拥抱在一起时，淡然且决然地离开了。

影片的尾声是在稻城。陈末用一种超脱于现实的方式，呼唤幺鸡归来。于是，在某天、某刻、稻城的某地，第四段浪漫的爱情终于等来了圆满……

爱情可以永恒吗？

谁知道呢？

从你的全世界路过，我以为你是我的全世界，你说呢？

2019 年 3 月 19 日

金钱世界下，依然可以相信人生：《金钱世界》之观后

故事的主题并不复杂，但牵涉其中的人性变化可用“波澜壮阔”来形容。

1973年的罗马，名叫保罗的青年在罗马旅游，被一伙劫匪绑架。随后，其母盖尔接到劫匪的电话，被索要1700万美元的赎金。赎金如此之高，全因保罗的爷爷是世界首富，某石油公司的老板保罗·盖蒂。两年前，盖尔已和自己的丈夫，也就是保罗·盖蒂的儿子离婚，并坚持保留三个孩子的抚养权。在经过丑陋的商业谈判后，她放弃了经济权利，最终取得了孩子的抚养权。因此，面对高额的赎金，盖尔只能寻求保罗·盖蒂的帮助。然而，获悉一切的保罗·盖蒂却不愿意交涉赎金，还使出了在生意场上惯用的手段，不断讨价还价，最后，在看到孙子的一只耳朵和部分头发，并被得力助手一语惊醒后，他才同意按绑匪要求，支付400万美元的赎金。小保罗获救后，这个富有得只剩冷冰冰的金钱的老头儿，孤独地在自己豪华的别墅中走完了人生的最后旅程。

本片根据真实事件改编，连角色名字都采用真名。如果读者有心，可自行在网络上查询“保罗·盖蒂”其人，会得到比电影内容更为丰富的有关财富和人生的感悟。

片中有几个段落让人印象深刻。

其一，当保罗·盖蒂与盖尔一家见面时，说了这样一句话，大意是，这世上没有什么东西是无价的，都可以用价格来衡量。此言与他临终前的孤独形成了鲜明的对照。

其二，在盖尔一家和保罗·盖蒂相认前，虽生活平凡，却其乐融融，可当他们一下子接受了过多的财富后，盖尔的丈夫变成了瘾君子，并混迹于声色犬马的世界，生活堕落，精神腐化。然而，盖尔在离婚后，却找回了曾经的家庭。

其三，保罗·盖蒂在与盖尔商谈支付赎金事宜时，提出要要回三个孩子的抚养权。迫于无奈，盖尔忍痛签署了放弃孩子抚养权的协议。此时，保罗·盖蒂的得力助手，即参与此次拯救人质事件的主要负责人，从人性的角度与他进行了一段单独的对话。他说："你总觉得自己无所不能。现在，你就在我对面，如果我要伤害你，易如反掌，但是我不会，因为你只是一个可怜的、孤独的、吝啬的老头儿，你的世界财富再多，也不值得我稀罕。"说完，他用手触碰了这位世界首富，当时，保罗·盖蒂的眼神令人印象深刻。

究竟什么才是我们最大的财富？

是堂皇的宫殿？是日进斗金的企业？是一家人其乐融融？是一个人在路上也清楚自己的方向？

好电影总是能提出问题，但不会给出答案。人间百态，芸芸众生，各有所求，不可能有唯一的、标准的答案！

那么，你的答案呢？

最后，用中国的一句古话结束此文吧：家有广厦万间，栖身不过六尺。纵有良田万顷，一日不过三餐！

送给找得到自己的你！

2019年4月14日

正义的味道：《理想国》之读后

生出阅读《理想国》的念想已经挺长时间了。大学时，我有点迷信尼采，感觉除他之外，似乎无人可称之为哲学家，因而，哲学类的书籍，我只读尼采。

年近不惑，也看明白了一些事情，似乎也不能尽信尼采的一家之言。故此买了一本《理想国》，耗时一周，阅读完毕。

《理想国》的体例有些像《论语》，柏拉图以苏格拉底的口吻，通过与其他人对话的方式，设计了一个真、善、美相统一的政体，即可以达到公正的“理想国”。

综合来说，整部《理想国》都在说同一个主题——正义是什么？如何创建一个正义的理想城邦？

那么，正义是什么？

有如下几个回答：

一、正义是强者的利益，因为正义是强者所宣扬和主张的，必然宣扬的是强者自身的利益，当然，这个说法并没有得到苏格拉底的认可。

二、正义是规则和法律，这是更接近苏格拉底所认可的一种片面的说法，因为规则和法律中也有不正义的规则和法律，所以，用规则和法律来定义正义，也是不准确的。

三、正义是智慧、勇敢、节制，是治理一个国家最需要的品质。这个结论是苏格拉底并不否认，但也没有承认的观点。

四、正义是真、善、美，是可永恒存在于世界的、值得智慧的人所一生追求的东西。可以说，这是苏格拉底基本认可的观点。

在说完“正义是什么”后，柏拉图用很大的篇幅来分析国家的种类，包括君主制国家、贵族制国家、民主制国家、寡头制国家、僭主制国家五种类别，也表达了五种政治体制都具有天然的缺陷，但正因为有缺陷，所以循环往复。当然，很多时候，柏拉图是非常善于用诡辩的手段把自己的论点表达出来的。正因为各种政治体制都有缺陷，所以，理想国的最理想状态是由神圣的、智慧的、勇敢的、节制的、正义的哲学家来统治和管理国家，使得国家能达到国泰民安、富国安邦，达到国民最幸福的状态。

《理想国》的最后，柏拉图还彻底批评了苏格拉底时期统领古希腊精神世界的荷马之类的悲剧诗人，认为他们都是用模仿的方式向世人灌输错误的思想，让真理和正义无法得到彰显，并且用了一个死而复活的人来讲述灵魂不死和正义永恒等类似神学的思维。

其实，在《理想国》中，绝大部分思想都是柏拉图借用苏格拉底的身份和语言表达出来的，究竟哪些是苏格拉底说的、哪些是柏拉图自己说的，已无从考证，不过，整篇记录式对话中，让人看到了《论语》中的一些思想，包括克己复礼、仁义礼智等。

东西方文明似乎隔着物理距离在互相致意。

如果说，《理想国》中最荒唐的当属苏格拉底所倡导的“女人和孩子要公有、财产和权力也要公有”这样不切实际的论调。

无论如何，《理想国》是一本值得认真研读的经典著作，一定要带着思考去看，否则，便会被柏拉图的诡辩给迷惑，因而找不到北。

正义是永恒的，灵魂不死。

2019 年 2 月 27 日

《国富论》之读后

一、论国家的收入

经过3个月的持续阅读，我终于看完了被称之为“经济学圣经”的亚当·斯密所写的《国富论》。该书67.6万字，502页，分为五章。刚看完的第五章主题是关于国家的收入。

作者在本章提出如下三个问题：

其一，国家的作用主要是三个方面，一是保护国民的生命财产安全；二是维持社会稳定和正义公平；三是对社会公共财产的开发利用及保护。

其二，国家的支出主要包含国防费用、司法经费、公共工程和机关的费用这三类。目前，一国的支出也主要来自这三方面，其中，公共工程及机关费用所占的比例日益扩大。

其三，国家的收入来源有三，一为国家控制的生产资料所能贡献的利润和收益，包括地租、国有资产利润等；二是赋税，此为国家收入的主要来源；三为公债，也称之为“国债”，就是以国家为主体发行的债券。

亚当·斯密非常重视“国家的收入”这部分内容。在《国富论》中，作者用了接近三分之一的篇幅来阐述上述三个问题。作为两百多年前的经济学家，他所生活的年代正处于第一次工业革命时期，也是世界大航海后全球经济快速发展期。彼时的英国为“日不落帝国”，所占领的殖民地有北美洲、印度等地，当时中国正处于乾隆中晚期，就GDP而言，是当之无愧的老大哥。而英国得益于工业革命的技术创新与进步，社会生产力得以大幅提高，经济得以高速发展。可以说，亚当·斯密写作之时，正赶上一个社会繁荣进步、经济快速增长的时代。正是出于这样的社会背景，亚当·斯密在《国富论》中，对于国家的作用、支出、收入都有着比较客观公允的评价，正因为此，240年后再看《国富论》，依然会感觉亚当·斯密对国家的描述入木三分。

作为经济学界的圣经，《国富论》可以说很完整地讲述了国家如何做才能促进经济快速增长。虽然作者在写作时持有一定的地域偏见及时代局限性，但其所依据的经济基础和理论是不变的。书中有这样一句话："当人民对政府的公正失去信任时，这个国家的商业和制造业也必然不会得到长远发展。"放到当下，这句话依然适用。如果国民无法感受到国家朝着更公正、更稳定、更安全的方向发展，那么，该国的经济也必定难以实现良好的发展。

以上，是我在读毕《国富论》第五章后的部分观点。

二、论国际贸易

《国富论》第四章名为"论政治经济学体系"，是亚当·斯密对重商主义、限制进口、出口退税、奖励金、通商条约、殖民地等涉及国际贸易方面的理解。可能在作者的理念中，凡涉及国家干预经济的内容就属于政治经济学。

由于我所理解的政治经济学更多的是强调国家与市场的相互作用，尤其是国家维持社会稳定及国民生命财产安全的各种管理制度。所以，在理解上，我无法同意亚当·斯密将自己所写的第四章纳入政治经济学领域。在我看来，重商主义、限制进口等内容应归属于国际贸易范畴。

这里有一个名词需要解释一下。

"重商主义——18世纪在欧洲受欢迎的经济管理体现，它建立在这样的信念上：一国的国力基于通过贸易顺差——既出口额大于进口额所能获得的财富，这是16、17世纪西欧资本主义原始积累时期的一种经济理论或者说经济体系，反映了资本原始积累时期商业资产阶级利益的经济理论和政策体系。"（见《国富论》236页）

目前，这一理论依然被许多经济学家所引用。从具体表现上看，就是为了维持贸易顺差，一国政府会倾向于通过关税（提高进口商品的成本）、出口退税（降低出口商品的成本）、奖励金（降低出口商品的成本）等手段，在国际贸易体系中提高本国商品的国际竞争力，从而实现出口大于进口之目的，达到吸收贸易逆差国的资本流入本国，借以提高本国的资源条件，从而增加本国的国民总收入，以实现经济的增长。

亚当·斯密是坚定的市场经济倡导者，一直提倡小政府理念，《国富论》的第四章几乎每页都彰显着这样的意思——重商主义提出的绝大多数维护贸易顺差的手段，都在某种程度上扭曲了市场在资源调配中所起的决定性作用，从长期看都是不利于经济发展的，国家应该减少监管，放手由市场自发调节进出口。也许是受限于时代背景，抑或出于其他原因，亚当·斯密并没有完成对重商主义的批判，只在字里行间表达了与重商主义观念不一致的思想和理论。

回到本文所述的国际贸易体系。在我看来，国际贸易的最大作用和好处主要有两个：其一，让市场扩大；其二，促进了社会分工，并使得生产效率提升。市场扩大比较容易理解，如中国目前是全世界最大的商品生产国，各种细分市场的商品，尤其家电类产品（手机、空调、冰箱、洗衣机、电视机等），其主要生产地都是中国，若没有国际贸易，中国已经形成的生产体系就会出现生产过剩。所以，对于中国目前而言，我们已经建立并形成了自己的工业体系，短期内实现改变不是太现实的事情，相较于世界上的任何国家，中国都更需要自由又有序的贸易发展。但这是否就意味着我们必须要追求贸易顺差呢？简而言之，贸易顺差是我们通过劳动及资源投入，生产出商品，但在本国消费不完，就要出口到外国，而外国给予的是本国无法流通的外币。其实，这种贸易顺差实现的外汇储备类似一种债券。也就是说，逆差国使用债券购买了顺差国的各种商品。由于我国的劳动力成本日益上升，国内资源环境的承载能力也有限，在经济发展过程中，短期看，顺差貌似有利，但长期看，顺差国就是逆差国的殖民地。

我反对维护贸易顺差。从社会分工的角度论，出口＝进口才是对一国人民最公平、最合理的劳动奖励。

除了顺差逆差外，关税、出口退税等都可以单独成文书写，本文不做赘述。

三、农业的问题

《国富论》的第三章归纳了财富的自然积累、欧洲农业发展情况、都市的发展、城市工商业对农业的促进等几方面内容。从全书体量看第三章是亚当·斯密着墨最少的一个章节，却是我书写读后感想相对费劲的一个章节。

在亚当·斯密的理论体系中，他十分看重农业。他认为对土地的改良及农业的投入是最有效率，也是对人类社会意义最大的投入，但由于产权、地租归属，以及社会制度的缺陷等原因，所有国家的农业发展都不够高效。中世纪的欧洲也如是。由于地主拥有众多土地，可向佃户收取地租。他们对土地改良没有迫切的要求，而佃户因不具备土地所有权，也不会把大量资金投入到土地改良上，农业发展从而受限。而伴随国际贸易的兴起，以及殖民地的诞生，全球更多的资源为欧洲所用，从国王到地主都缺乏投入资金改良土地的意愿，有些地方甚至可以用更低的成本获取进口的农产品，导致该地区的部分土地出现荒芜和生产力下降的情况。

虽然，亚当·斯密撰写《国富论》已是250年前的事，但结合我国的农村现状，也可看到欧洲中世纪的一些影子。由于当前国内的工业发展迅猛，国际贸易日益便捷，截至2018年，中国已成为全球最大的农产品进口国。而我们的18亿亩耕地中，有许多土地并没有得到很好的开发和利用。记得儿时，老家的农田都会播种两季，但这次春节回家，我发现许多耕作难度不大的平整土地竟也都放荒了。家中亲戚说，现在许多土地只种植一季，因为种植两季也不会增加多少收入。可见，经济学确实管用，250年前的理论，在当下同样适用。

回到《国富论》的第三章，亚当·斯密也介绍了城市的发展及城市工商业发展对农业的促进作用。大致意思就是，由于社会分工的细化及市场的扩大，人民的收入及生活水平会逐步提高，从而有更多的时间和精力及资财来生儿育女，人口就会得到增长，而人口的增长和城市的扩大，必然会对农产品数量及质量都提出更大更高的要求。需求提高了，城市周边的农村及农业也将得到更有效的发展。

这一理论放到21世纪的中国，就要具体问题具体分析了。在那些距离城市较近、交通较为便利的农村，农户通过种植、养殖等方式致富，情况会比偏远地区的农户好很多，这也促使他们投入更多的时间和精力进行农业的扩大再生产。从这个角度看，城市及城市工商业的发展确实促进了农村及农业的发展。但鉴于中国目前的飞速发展，以及欣欣向荣的城市化建设，导致许多农村土地被纳入开发范围，农业用地被调整为城市用地及工业用地，也就谈不上什么实质性的发展了。

鉴于此，我希望各级地方政府在发展城市化建设时，也能参考一些经济学的思维，思考一下究竟什么样的产业更符合本地的实际情况，而不是人云亦云地盲从。

以上，为读毕《国富论》第三章所想到的。

四、资本的流通、积累和作用

在《国富论》第二章中，亚当·斯密介绍了资本的性质、累积和作用。略显遗憾的是，作者并没有十分清晰地界定何谓资本。在他的观念中，市场是依靠交换而形成的，所以，经济个体在交换前必须要积累一定量的可被他人需要的资财，从而实现交换别人积累的商品，而积累的资财就可以称之为“资本”，即资金、存货、生产资料等有形物和无形物，都可称之为“资本”。

资本的用途主要有三类：其一是满足个人需求的消费；其二是固定的资本，包括土地、房屋、生产设备设施等；其三是流动资本，包括原材料、实现再生产的各项资源及资料等。满足个人消费的资本是不具备利润贡献功能的，对经济个体而言，该部分消费完是不会对社会经济增长带来促进意义的。只有固定资本和流动资本在经济个体进行再生产行为时，会形成可供他人需求的商品积累。无论这些商品是否完成交换，都形成了社会总商品的增长，或早或晚都会在市场上形成商品供应及完成交换。故而固定资本和流动资本对社会经济增长是有贡献作用的。

其实，亚当·斯密在第一章介绍商品成本时就已经提出，地租、工资、资本利润是构成商品成本的三个重要组成部分，因为任何一类或说任何人的资本在投入社会再生产的过程中，获取合理的利润，形成资本的增长都是必不可少的。如果没有利润，那么，资本所有者将丧失再生产的经济动力。这与现实生活所接触的社会现实也是吻合和匹配的。亚当·斯密在第二章再次强调利润对资本投入再生产的刺激及推动作用，社会也因资本可以实现利润这一现实，不断地实现市场扩大、社会总需求提升。而伴随市场扩大及需求提升，社会分工将更细、更规范、更清晰，生产力也将得到显著提升。

在这里，作者再次强调了生产性劳动和非生产性劳动。由于社会背景和历史原因，亚当·斯密把大部分的服务业和满足精神文化需求的产业都纳入非生产性劳动中，字里行间透露出对非生产性劳动的轻蔑。这一点与当下社会就不太匹配了。从社会经济发展的角度看，伴随人工智能及工业机械化的发展，以后，越来越多的生产性劳动都会被机械和人工智能所取代，而作为经济个体的个人将必须寻找或从事服务于他人的，给予他人精神及文化提升的服务业，如影视产业、文化产业、旅游业等，也包括法律咨询、财务咨询、企业战略发展咨询等需要高智力及过硬专业的高端服务业，还包括各类新材料、新技术的研发，新理论及新思想的诞生等思考类产业。这些是亚当·斯密在当时没有意识到的，而这些恰是现代社会正在经历着的。

综上所述，《国富论》认为经济个体过去所积累的各类资财都可称之为“资本”，并再一次强调了利润对资本投入再生产的重要性，同时提出伴随资本的投入再生产，市场的扩大及分工的细化会更进一步提升社会总体的劳动生产力，从而实现经济的增长。

以上，就是《国富论》中有关资本的介绍。

五、论生产要素

先说点题外话。以前我读书，尤其学术专著，包括教科书，特别不喜第一章，感觉都是一些概念、论调，空泛得很，看起来不过瘾。但随着年龄及阅历的增长，我发觉这样的认知是十分离谱的，绝大部分学术专著的第一章往往是提纲挈领的。作者落笔之前，会仔细归纳整理自己的思维结构、理论体系，以及最核心的写作目的，然后在第一章给出归纳性的阐述。《国富论》就是如此，第一章写了促进经济增长的分工原因及结果、生产的三要素、商品成本的构成等。就第一章而言，我认为作者最重要的贡献就是阐述了生产要素这部分内容。

言归正传。在生产要素的界定方面，西方经济学一直存有分歧，如知名人物熊彼得就把企业家精神纳入生产要素。我看过熊彼得的《经济发展理论》，也看过一些把科技创新纳入生产要素的文章，都觉得不够完整，也不够全面，与亚当·斯密相比，总是存在或多或少思维结构上的偏差。在《国富论》中，作者介绍完社会分工及市场后，就重点说了生产的三要素：土地、资金、人（劳动）。在马克思主义经济理论中，生产要素只有一个，就是人。但结合社会现实，即使250年过去了，我们依然会感到亚当·斯密对人类社会生产行为的归纳更为完整。

先说土地。在农业社会或工业社会，包括现代社会，任何生产行为都需要生产场地，农业需要土地种植，工业需要工厂生产，哪怕服务业，也需要营业场所开展服务。所以，土地是进行生产的第一要素。

再说资本。这就与现实结合得更紧密了。由于社会是一个整体，当人们做任何一个经济行为时，需要思考的是别人是否会认同并参与进来。如今媒体异常发达，我们经常会看到听到一些创业传奇，但这些当作演义来听，也就可以了。现实社会可没有那么多机缘巧合，哪怕是开个小超市，启动资本总是需要的。所以，资本是生产的第二要素，毋庸置疑。

最后说人。对于经济学而言，这是最头疼，也最纠结的一个元素。若从社会学及哲学的角度出发，土地、资本都是由人所控制和掌握的，人是整个生产活动中最主要的要素。但由于社会现实中经常出现的土地、资本与人分离，所以在进行社会生产时，若只考虑人的要素，就不能客观且公正地对待生产成本。所以，一定是生产三要素，即人、资金、土地缺一不可。

以上，是我关于《国富论》的最后一篇读后感。介绍再多，不如你自己买一本详细阅读。如果要我选出一本最值得阅读的经济学著作，本书必然排名第一。

2019 年 2 月 19 日

美丽世界的孤儿

本来，我想把这篇文章的题目定为《两个世界》。

最近，读余华的小说，发现作家似乎都是矛盾体，或者说，至少在作家身上存在两个世界，一个是他真实生活的世界，还有一个是他笔下的世界，可穿越时空，可踏浪而来，可不受时间地点的约束，但一定会有人物。这个世界属于作家自己。比如余华就说，他在30岁左右写的一些小说有些偏激，好像小说里若没有死亡，就觉得不够过瘾。余华还经常用第一人称来描述笔下的世界，每次看到他在字里行间又开始怀疑世界和生发矛盾的时候，我就特别担心——他会不会自绝于他的笔端？

也想把这篇文章叫作《孤独的人是可爱的》。有一首挺火的歌，就叫《孤独的人是可耻的》，张楚唱的。因为每每阅读余华的作品，就会感到一种莫名的孤独感，余华的世界是另类的、虚幻的、不可触摸的。其实，不止余华，三毛也好，古龙也罢，甚至包括古时哲学大师柏拉图，其笔下的世界都在描绘一个带有乌托邦色彩的神奇世界。从这个角度讲，作家都是孤独的。那么，偷换一下张楚的概念，既然作家是孤独的，那么，他们可耻吗？我深不以为然，还觉得他们是可爱的，可爱到想通过自己的妙笔，描绘一个脑海中神奇的世界，即便这个世界如此荒诞，但终归是一个不一样的世界。

最后，我还是用《美丽世界的孤儿》来命名这篇文章，理由很简单，仅仅因为打开电脑准备写下标题的那个瞬间，想起了曾听过的这首动人的歌。与其说作家是孤独的，倒不如用“美丽世界的孤儿”来形容他们更为恰当。

2019年3月12日

《资本论》第一卷读后

耗时两月，总算把《资本论》第一卷看完了。本想用《悲惨世界》为本文命名，又觉得若只关注书中所涉对社会悲观凄惨的刻画，未免管中窥豹，缺少高度了。

综合来说，《资本论》第一卷包含了价值理论、资本主义的生产理论、制造业及工业的规模发展理论、资本的原始积累理论等内容。就个人理解而言，其核心由三个方面构成：其一，提出了价值是由无差别的人类劳动决定的劳动价值理论，并延展出使用价值和交换价值。其二，提出了剩余价值学说，也就是在整个社会发展进程中，所有历史进步都是基于劳动创造，但劳动能创造的价值分两部分，一部分是有给劳动，也就是与工资和劳动报酬对应的价值，还有一部分是无给劳动，即剩余价值，而剩余价值的享有者是资本家。整个资本主义发展就来源于资本对劳动剩余价值的持续、永无止境的剥削。其三，提出了由于生产力的提高，会促使劳动价值及剩余价值同比例提高，在制造业领域，会出现劳动的相对过剩，同时也会因剩余价值对资本的贡献日益增大，小资本逐步会转化为大资本。在这个过程中，一些小资本家也会因竞争关系被大资本家剥削，而最终成为无产者。生产的规模效应会日益提高，而资产阶级与无产阶级的贫富差距会逐步拉大，当无产阶级穷苦到无法维持必要的生计时，资产阶级将面临暴动、革命，甚至战争等打破资本主义生产关系的现象，届时无产阶级将从被剥削者转变为剥削者，而资本家必将消亡。

以上三个内容可说是《资本论》第一卷最主要的内容。在近 70 万字的著作中，马克思用了大量的篇幅研究阐述了 18 世纪、19 世纪英格兰的社会发展状况，包括人口数量、就业人口数量、制造业规模化现象等。书中大量援引了亚当·斯密的《国富论》、李嘉图的《经济学及赋税原理》、马尔萨斯的《人口学原理》等当时经济领域的各类著作及学说，也包括刊载于报刊上的与人口变化、经济发展相关的文献。可以说，《资本论》是集各种经济理论于一体，并引导出马克思本人经济学主张的一本经典著作。

读毕，我对马克思认真负责的学术研究精神、学识广博且对真理孜孜以求的精神无比尊敬和佩服。由于此前我已看了《国富论》，在理解上也更有心得。从《资本论》中可以看到，马克思本人对亚当·斯密的许多经济学观点还是认同的，包括劳动价值理论、生产规模的持续扩大理论、分工可以实现生产力提高等，而对其他经济学家都表达了明显的批评和不认可。

如果从学术研究的角度出发，《资本论》第一卷值得我们认真阅读，并重复研习，但也必须客观指出，作者在经济学领域的三个不足之处。

其一，马克思讲社会发展及经济增长集中于商品生产这一环节，并未关注非商品生产的服务业和其余产业，并且在第一卷中故意弱化了国家及政府对经济增长的影响，单纯地将生产关系归纳为资产阶级对无产阶级的剥削关系，存在明显的片面性。从经济发展的角度论，马克思没有认真研究促进经济持续增长的人的需求演变，没有思考需求的变化如何影响生产，而是单方面地从生产端研究经济，这是不全面的。

其二，是在生产研究领域。由于马克思提出的劳动价值理论存在理论缺陷，也就是无差别的人类劳动的不可获得和无法计量性，导致其在延展剩余价值理论时，总让人感觉有自圆其说之感。而且马克思自己也承认，伴随生产力的提高，凝聚在商品中的人类劳动价值是会有差异和变化的，这就导致价值的不稳定性影响了剩余价值的理论贡献。更为严重的是，马克思将价值贡献只集中在人类劳动这一单一因素上，对于资源贡献、资本贡献等都用剩余价值来归纳和阐述，导致《资本论》在对社会进步及生产进步的表述上，与现实出现脱节和变化，这是本书的第二个不足之处。

其三，在治学态度上，《资本论》第一卷中有接近三分之一的篇幅是描述资本主义发展过程中，无产者所面临的苦痛、恶劣环境、高强度工作压力、非人道的劳动环境、悲惨的生活条件。从这个角度看，本书更像是一本社会学著作，而非经济学著作，而且马克思在字里行间透露的对资本家的抵触和排斥，也让资本论在分析社会现实时，会有缺乏冷静和理智的感觉。对于研究经济而言，带有浓厚个人情感的学术论著是不可能完全客观公正的，这是《资本论》的第三个不足之处。

知人者智，自知者明。发现问题总是容易的，但解决问题需要我们进行认真的思考。结合当前的社会现实和社会环境，我们势必要拿出马克思的治学精神，拿出类似马克思写作《资本论》时的那种认真、负责、严谨、科学的钻研态度，对当前中国面临的经济困难及社会问题提出有建设性和可行性的方案和建议。

《资本论》还有第二卷、第三卷，希望再用两个月时间，能把这两卷研读完毕，届时再认真总结梳理这本经典的涵盖经济学、社会学、人类学及哲学的著作。

由于《资本论》中有许多基础的经济学范畴名词和理论，建议大家看完《国富论》《经济学原理》两书后，再看它，会更易领会书中的经济理念。

2019 年 3 月 18 日